W0247250

Selma Meerbaum-Eisinger gehört nicht zu von den Nazis verfolgten Dichtern, deren Werke auf dem Scheiterhaufen verbrannt wurden. Sie war 1933 knapp neun Jahre alt. Ihre ersten Gedichte entstanden 1939, kurz vor Ausbruch des Zweiten Weltkrieges. Da war sie fünfzehn und schon eine Dichterin. Als Dichterin konnte sie nicht, wie es vielen Autoren über 1945 hinaus erging, vergessen werden. Selma Meerbaum-Eisinger wurde gar nicht bekannt. Ihr kurzes Leben, das in einem KZ endete, macht auch deshalb betroffen, weil es zeigt, was an Dichtung ganz junger Menschen verlorenging, die »nur« einen Namen unter 6 Millionen jüdischer Opfer hatten, aber keinen in der Literatur.

Wer in Zunkunft von Anne Frank spricht, wird auch von Selma Meerbaum-Eisinger sprechen müssen – wie von zwei Schwestern, von denen die eine dokumentierte, was die andere dichtete. Das Tagebuch der Anne Frank, im holländischen Versteck geschrieben, und die Gedichte der Selma Meerbaum-Eisinger gehören zusammen: Zeugnisse des Lebens zweier jüdischer Mädchen, die Opfer des nationalsozialistischen Deutschland wurden.

Selma wurde 18 Jahre alt. Sie hinterließ 57 Gedichte, die dieser Band zusammenfaßt: Gedichte über eine Liebe, die mehr Traum war als Wirklichkeit, gewidmet ihrem Freund, der später auf der Flucht nach Palästina ums Leben kam. Gerettet werden Selmas Gedichte, die jahrzehntelang als verschollen galten. Die Herausgeber dieses Bandes, Jürgen Serke, fand sie und ging der Spur des Mädchens Selma nach.

Selma Meerbaum-Eisinger, geboren am 15. August 1924 in Czernowitz, starb am 16. Dezember 1942 in dem von der SS geführten Arbeitslager Michailowska.

Selma Meerbaum-Eisinger

Ich bin in Sehnsucht eingehüllt.
Gedichte eines jüdischen Mädchens
an seinen Freund

Herausgegeben und eingeleitet
von Jürgen Serke

Fischer
Taschenbuch
Verlag

31.–32. Tausend: August 1995

Ungekürzte Ausgabe
Veröffentlicht im Fischer Taschenbuch Verlag GmbH,
Frankfurt am Main, Januar 1984

Lizenzausgabe mit freundlicher Genehmigung
des Hoffmann und Campe Verlags, Hamburg
Copyright © 1980 by Hoffmann und Campe Verlag, Hamburg
Druck und Bindung: Clausen & Bosse, Leck
Printed in Germany
ISBN 3-596-25394-2

Gedruckt auf chlor- und säurefreiem Papier

Inhalt

Geschichte einer Entdeckung

Spurensicherung, weit entfernt von Deutschland, in Czernowitz, einer Stadt im Osten. Darin lebte ein Mädchen, das Gedichte über eine Liebe schrieb, die mehr ein Traum denn Wirklichkeit war. Es war die erste Liebe, zu einem jungen Mann und zu einer Sprache, die nicht die Landessprache Rumänisch war. Deutsch nannte das Mädchen sein eigen.

Selma Meerbaum-Eisinger war eine Jüdin. Deutsche nahmen ihr die Freiheit, Deutsche nahmen ihr das Leben. Sie starb am 16. Dezember 1942 im deutschen Arbeitslager Michailowska jenseits des Bug. Sie war 18 Jahre alt, wurde irgendwo verscharrt.

❊

Dem Tod den Anspruch auf Leben entziehen.

❊

Was übriggeblieben und auf abenteuerliche Weise von Leidensgefährten gerettet worden ist, sind 57 Gedichte. In ihnen versucht sie, die Wirklichkeit, an der sie zerbrach, zu verwandeln in eine Arche Noah. Ausgesetzt, aber mit Hoffnung auf Rettung. Gedichte, die ein Stück Weltliteratur sind, aber die Welt kennt sie nicht. Letzter Vers eines Gedichtes, das Selma Meerbaum-Eisinger als 17jährige ein Jahr vor der Deportation schrieb:

Du, weißt du, wie der Regen weint,
und wie ich geh', erschrocken bleich,
und nicht weiß, wohin zu flieh'n?
Wie ich verängstigt nicht mehr weiß:
Ist es mein Reich, ist es nicht mein Reich,
gehört die Nacht mir, oder ich, gehör' ich ihr,

und ist mein Mund, so blaß und wirr,
nicht der, der wirklich weint...?

✻

Wer in Zukunft von Anne Frank spricht, wird auch von
Selma Meerbaum-Eisinger sprechen müssen. Wie von
zwei Schwestern, von denen die eine dokumentierte, was
die andere dichtete. Das Tagebuch der Anne Frank, im
holländischen Versteck verfaßt, und die Gedichte der
Selma Meerbaum-Eisinger gehören zusammen. Anne
Frank, die 15 Jahre alt wurde, kam im März 1945 im KZ
Bergen-Belsen um. Sie starb an Typhus, wie Selma zwei
Jahre zuvor, 2000 Kilometer weiter östlich.

✻

Poem

Ich möchte leben.
Ich möchte lachen und Lasten heben
und möchte kämpfen und lieben und hassen
und möchte den Himmel mit Händen fassen
und möchte frei sein und atmen und schrein.
Ich will nicht sterben. Nein.
Nein... .

✻

»Welch Wort in die Kälte gerufen«, heißt ein Buch mit der
Unterzeile »Die Judenverfolgung des Dritten Reichs im
deutschen Gedicht«. Darin ist dieses »Poem« abgedruckt.
»Welch Wort in die Kälte gerufen« – das ist eine Anthologie, die 1968 im Ostberliner Verlag der Nation erschien,
herausgegeben von dem Schriftsteller Heinz Seydel. Vor
vier Jahren entdeckte ich die Gedichtsammlung im Kata-
log eines Hamburger Antiquariats und kaufte sie.
Ein Stempel nannte den Vorbesitzer: Ministerrat der
Deutschen Demokratischen Republik. Ministerium für
Wirtschaft und Technik. Wissenschaftliche Bibliothek.
Ein weiterer Stempel mit der Aufschrift »Gelöscht«
zeigte, daß das Buch wieder ausgesondert worden war.

Heinz Seydel, der Herausgeber der Anthologie, glaubte, daß nur zwei Gedichte von Selma Meerbaum-Eisinger gerettet worden seien. Er hatte sie aus Bukarest von ehemaligen Bewohnern der Stadt Czernowitz erhalten.

*

Im Februar dieses Jahres drückte mir die Lyrikerin Hilde Domin aus Heidelberg einen Gedichtband in die Hand, der in Israel als Privatdruck erschienen war: »Blütenlese«. Die Autorin: Selma Meerbaum-Eisinger. Unter den 57 Gedichten befand sich auch das von Seydel gedruckte »Poem«. Hilde Domin, nach Deutschland zurückgekehrte Emigrantin, hatte den Band von einer in den USA lebenden Cousine des Dichters Paul Celan erhalten. Dazu den Hinweis, daß Paul Celan und Selma Meerbaum-Eisinger mütterlicherseits denselben Urgroßvater hatten.

*

Wer in der deutschen Literaturszene bisher »Czernowitz« sagte, meinte den Lyriker Paul Celan, der heute zu den großen Nachkriegsdichtern gehört, und die Lyrikerin Rose Ausländer, die heute in einem jüdischen Altersheim in Düsseldorf lebt. Paul Celan ist über den Tod seiner Eltern, die sich in Czernowitz nicht verstecken mochten wie ihr Sohn und im Lager Michailowska durch Genickschüsse von SS-Leuten ermordet wurden, nie hinweggekommen. In der »Todesfuge« steht:
Der Tod ist ein Meister aus Deutschland
sein Auge ist blau
er trifft dich mit bleierner Kugel
er trifft dich genau.

*

Paul Celan, zuletzt wohnhaft in Paris, nahm sich 1970 das Leben. Er wurde 50 Jahre alt.
Czernowitz, die Stadt des Paul Celan und der um vier Jahre jüngeren Selma Meerbaum-Eisinger, hatte 140 000

Einwohner, fast die Hälfte Juden. Sie war die Metropole des Vielvölkerlandes Bukowina, in dem Ukrainer, Rumänen, Polen, Ungarn, Slowaken, Armenier und Zigeuner wohnten. Bis 1918 ein Vorposten der Habsburger Monarchie mit deutscher Universität in Czernowitz. Danach rumänisch, ab 1940 für ein Jahr sowjetisch, dann von den nach Rußland einmarschierten deutschen Truppen wieder den verbündeten Rumänen zugeschanzt. 1944 von den Sowjets zurückerobert und seitdem der UdSSR zugehörig.

*

In Rechovot, 20 Kilometer von Tel Aviv entfernt, wohnt seit 1962 der 74jährige Pädagoge Hersch Segal. Ihn suche ich als ersten in Israel auf. Hersch Segal hat den Privatdruck mit den Gedichten des Mädchens Selma herausgebracht, 400 Exemplare verschenkt und verschickt an Freunde und Bekannte. Hersch Segal war 1940 der Klassenlehrer Selmas im jüdischen Lyzeum von Czernowitz. Nach dem Zweiten Weltkrieg hielt er Kontakt zu den wenigen einstigen Schülerinnen, die die Verfolgung überlebt hatten. Und er sammelte, was Czernowitz an Literatur hervorgebracht hatte.

Der Abdruck des einen, einzigen Gedichtes in der DDR-Anthologie ließ dem pensionierten Lehrer keine Ruhe mehr. Er setzte sich mit zwei Freundinnen Selmas in Verbindung, die in seiner Nähe wohnten. Die eine besaß 57 Gedichte Selmas, die andere einen aus dem Lager herausgeschmuggelten Brief. Einen Verlag für eine Buchveröffentlichung fand Segal nicht. Er ließ sämtliche erhalten gebliebene Gedichte Selmas auf eigene Kosten drucken.

*

Selma Meerbaum-Eisinger wäre heute 55 Jahre alt, wie ihre Freundin Renée Abramovici-Michaeli, die in Natanya, einem Badeort zwischen Tel Aviv und Haifa, wohnt, als Bankangestellte arbeitet und in ihrer Bank die Gedichte Selmas in einem Tresor aufbewahrt. Lose Blätter, zusammengehalten von einer Kordel. Auf dem Einband des Albums ein Blumenmuster. Die Gedichte, fast alle datiert, sind mit Bleistift geschrieben. Winzige Schriftzüge. Einige Seiten sind leer. Ihr letztes Gedicht in dem Album lautet:

Das ist das Schwerste: sich verschenken und wissen, daß man überflüssig ist, sich ganz zu geben und zu denken, daß man wie Rauch ins Nichts verfließt.

Darunter mit rotem Stift und hastig dahingeworfenen Lettern: »Ich habe keine Zeit gehabt zu Ende zu schreiben...« Selma wurde an einem Juni-Sonntag im Jahre 1942 deportiert.

✳

Gewidmet ist Selmas Gedichtband dem ein Jahr älteren Lejser Fichman, den sie in der zionistischen Jugendbewegung Haschomer-Hazair in Czernowitz kennengelernt hatte. Eine Liebesgeschichte zwischen einem jungen Mann, der sich zielbewußt auf seine Auswanderung nach Palästina vorbereitete, und einem Mädchen, das bei aller Träumerei das Glück in Czernowitz wollte, das greifbare Glück.
»Und hast du auch noch tausend Sterne in der Hand – sie kann noch zehnmal tausend tragen«, heißt es in einem ihrer Gedichte. Sie sprechen von ihrer Liebe und von der Ahnung, daß sich nichts erfüllen wird. Sie erzählen die Geschichte einer jungen Frau, die sich auf das Leben versteht, und eines jungen Mannes, der das Leben in die Zukunft verlegt. Das bessere Leben in Palästina.

✳

Komm zu mir, dann wieg' ich dich,
wiege dich zur Ruh'.
Komm zu mir und weine nicht,
mach die Augen zu.

✳

Selma und der Versuch, eins zu werden mit Lejser Fichman durch die Worte hindurch. In Gedichten, die der Freude ihren Glanz geben, dem Wahren seine Gewißheit und der Trauer ihre Endgültigkeit.

✻

Stephan Hermlin aus der DDR spricht von »erschütternden Gedichten« und schrieb an Selmas einstigen Klassenlehrer Hersch Segal, der ihm den Privatdruck geschickt hatte: »Es ist gut zu wissen, daß es Menschen gibt, die in der Ferne und unter schwierigen Umständen dafür sorgen, daß eine schmale, kaum wahrnehmbare Spur nicht vergeht.«
Hilde Domin aus der Bundesrepublik urteilt über die Gedichte des Mädchens: »Seine Begabung steht sicher auf einer Stufe mit dem jungen Hofmannsthal. Trotz des ›Sonderschicksals‹ ist dies ein Werk, das deutlich ins Gut der deutschen Poesie gehört, nicht der spezifisch jüdischen. Es ist eine Lyrik, die man weinend vor Aufregung liest: so rein, so schön, so hell und so bedroht.«

✻

Erinnerungen. In Haifa lebt heute der 85jährige Onkel Selmas. Josef Meerbaum erzählt von seinem Bruder Max, Selmas Vater, der 1926 in Czernowitz mit 29 Jahren an Tuberkulose starb. Da war Selma eineinhalb Jahre alt. Ihr Vater stammte aus einem Dorf in der Bukowina. Nach der Volksschule, mit 15, ging er nach Berlin. Dort besaß ein Onkel ein Geschäft. Im Ersten Weltkrieg kämpfte Max Meerbaum in der österreichischen Armee und erkrankte an Tuberkulose. Nach seiner Entlassung aus dem Krankenhaus beratschlagten die Brüder, was zu tun sei.
»Max«, so erzählt Josef, »ist nach Czernowitz gegangen, um einen Laden zu suchen. Nach Czernowitz deshalb, weil da deutsch gesprochen wurde, obwohl es ja nun zu Rumänien gehörte. In der Stadt sah er eine kleine Fensterauslage. Rechts lag was drin, Hefte, Zwirne, Nadeln, Kleinigkeiten. Links war alles leer. Max ging hinein und fragte die junge Frau, ob er die leere Hälfte mieten könne.

Er wolle dort Schuhe und Sandalen verkaufen. Die beiden verliebten sich, heirateten und bekamen Selma.« Nach dem Tode Max Meerbaums heiratete dessen Frau Frieda einen Mann namens Leo Eisinger. Er kam wie Selmas Mutter und Selma ebenfalls im Lager Michailowska um.

*

Renée Abramovici-Michaeli war neun, als sie sich mit Selma befreundete. »Selma ist in ärmlichen Verhältnissen aufgewachsen«, erzählt sie. »Sie wohnte mit ihrer Mutter und ihrem Stiefvater im Süden der Stadt am Fuße der Habsburghöhe. Die Wohnung bestand aus einer Küche und einem großen Zimmer. Man ist reingekommen durch einen langen Gang, ein paar Stiegen führten in den ersten Stock direkt in die Küche. Elektrisches Licht gab es nicht. Im großen Zimmer standen die Ehebetten. Am Fußende ein Sofa, auf dem Selma schlief, dann zwei Schränke und dazwischen ein kleiner Schreibtisch für Selma. Kein fließendes Wasser, kein Bad.«

*

Stille

Im Zimmer schwebt die Stille und die Wärme,
ganz wie ein Vogel in durchglühter Luft,
und auf dem schwarzen kleinen Tische
liegt still das Deckchen, dünn und zart wie Duft.
Das Glas mit klarem Wasser, wie ein Traum,
wacht, daß das Glöckchen neben ihm nicht lärme
und wartet scheinbar auf die kleinen Fische.
Die rote Nelke dämmert in den Raum,
als wäre sie dort Königin.

Die ganze Stille scheint für sie zu sein,
und nur die Flasche mit dem süßen Wein
blinkt still und wie befehlend zu ihr hin.
Sie aber schwebt auf ihrem grünen Stengel,
dünn wie ein Kindertraum das Kleid der Engel

und ihr betäubend süßer Duft lullt ein,
als wollt' er aus dem Märchenschlaf
Dornröschen rauben.

Die Fenster blicken auf die Straße und sie glauben,
das dort sei alles nur für sie getan.
Der Spiegel glänzt und in ihm tickt die Uhr,
ganz weit im fernen Dorfe kräht ein Hahn,
und die Gardinen bändigt eine blaue Schnur.
Die Nelke mit den zarten roten Spitzen
harret des Sonnenstrahls, der durch die Ritzen
ihr heut ein Kleid aus Goldstaub angetan.

24. 10. 1939

*

Renée Abramovici-Michaeli über ihre Freundin Selma:
»Sie war 1,60 Meter groß, hatte braune Augen, gekräusel-
tes brünettes Haar. Solange sie Zöpfe tragen mußte, gab es
zwischen ihr und ihrer Mutter morgens immer Krach. Die
Mutter bürstete und flocht das Haar. Die Prozedur war
zeitraubend, so daß wir Mühe hatten, rechtzeitig in die
Schule zu kommen.«
Selma begann mit 15 Jahren Gedichte zu schreiben. Sieben
davon schrieb sie in ihr Album »Blütenlese«, darunter
»Stille«. »Sie hat selten ihre Gedichte gezeigt«, erinnert
sich Renée Abramovici-Michaeli, die mit Selma in der
Klasse auf der letzten Bank saß. »Wenn Selma der Unter-
richt nicht interessierte, ist sie unter die Bank gerutscht
und hat dort gelesen, was ihr Spaß machte.« Gelesen hat
sie Heinrich Heine, Rainer Maria Rilke, Paul Verlaine und
die damals populären indischen Weisheiten des Rabindra-
nath Tagore. »Begeistert war sie von Klabunds Nachdichtungen chinesischer Gedichte, die sie bei meiner Mutter
fand.«
Unter den 57 Gedichten, die der Band »Blütenlese«
enthält, befinden sich fünf Nachdichtungen von Gedichten anderer: zwei von Verlaine, zwei der jiddischen
Dichter Itzik Manger und H. Lejwik und eines von dem
Rumänen Discipol Mihnea.

Die Unterrichtssprache in der Schule war rumänisch. Zu Hause und unter den Freunden und Freundinnen wurde deutsch gesprochen, auch in der zionistischen Jugendbewegung. Dort wurde über Sigmund Freud diskutiert, über Bertolt Brecht und Franz Kafka. Der Sozialismus sollte die Grundlage für ein künftiges Leben in Palästina werden.

Die heute 56jährige Else Schächter-Keren aus dem Tel Aviv angrenzenden Ramat Gan berichtet, wie verstört Selma den Vortrag eines ihrer Gedichte in der zionistischen Gruppe abbrach, als die meisten sie auszulachen begannen. Das war der Beginn der Freundschaft zwischen ihr und Selma. Else Schächter-Keren: »Ich fand ihre Gedichte schön, ich sagte es ihr, ich begleitete sie nach Hause. Sie war immer in Bewegung. Abends um zehn kam sie noch zu unserem Haus und pfiff mich raus. ›Der Tag ist doch so groß, warum müßt ihr abends so spät spazieren gehen‹, sagte meine Mutter, und Selma lachte, sagte: ›Lassen Sie uns doch‹. – Sie tanzte sehr gern, war die Ausgelassenste in der zionistischen Gruppe. Sie wollte jeden Moment ausleben. In der Gruppe hat sie auch Lejser Fichman kennengelernt, der sie oft nach Hause begleitete, und mit dem sie auf der Habsburghöhe im Süden der Stadt spazieren ging.«

※

Am 1. September 1939 begann der Zweite Weltkrieg. Deutschland überfiel Polen. Am 28. September teilten Deutsche und Sowjets Polen auf. Am 10. Mai 1940 begann der deutsche Angriff im Westen. Am 22. Juni desselben Jahres unterschrieb Frankreich seine Kapitulation. Am 26. Juni erzwang die Sowjetunion von Rumänien die Abtretung Bessarabiens und der Nord-Bukowina mit Czernowitz.

※

Die Freundinnen Selmas erinnern sich, wie man sich in der Stadt der Bedrohung durch die Nazis verschloß. Frau Schächter-Keren sagt: »Das war für uns damals wie ein schreckliches Autounglück. Wir dachten, das hat die anderen getroffen, uns trifft das nie.« Frau Abramovici-Michaeli sagt: »Aus unserem Klassenzimmer konnten wir damals in die Mensa der Universität schauen. Wir haben gesehen, wie jüdische Studenten verprügelt wurden, und wir haben erfahren, daß man einen von ihnen gezwungen hat, aus einem Fenster im dritten Stock des Gebäudes zu springen

Als die Rumänen Czernowitz an die sozialistische Sowjetunion abtreten mußten, haben wir zuerst gedacht, jetzt wird alles besser. Wir haben ja an den Sozialismus geglaubt. Der Enthusiasmus beim Einmarsch der russischen Truppen war groß. Doch dann haben auch die Russen viele Juden verschleppt.« Allein am 13. Juni 1941 wurden 4000 Männer, Frauen und Kinder als »unzuverlässige Elemente« nach Sibirien deportiert. Am 22. Juni griff Deutschland, gemeinsam mit Rumänien, die UdSSR an. Am 5. Juli 1941 zogen rumänische Truppen in Czernowitz ein und waren fortan die Handlanger bei der Verfolgung der Juden.

Die Juden von Czernowitz verloren die Bürgerrechte. Sie mußten den gelben Judenstern tragen, unbezahlte Zwangsarbeit leisten, hatten ab sechs Uhr abends Ausgehverbot. Ein Getto hatte es in der Geschichte der Stadt nie gegeben. Jetzt wurde es errichtet. 60 000 Juden wurden auf kleinstem Raum zusammengepfercht. Else Schächter-Keren sah, wie Selma mit ihrer Mutter und ihrem Stiefvater im November unter einem Arkadengang hauste, der notdürftig mit Decken verhängt war. Sie erfuhr, wie Selma aus dem Getto floh, in der Stadt als Jüdin erkannt und verfolgt wurde, sich dabei ein Bein brach und dennoch das Getto wieder erreichte.

Selmas Freund Lejser Fichman leistete Zwangsarbeit außerhalb der Stadt. Selma sah ihn nicht wieder.

✳

O lege, Geliebter,
den Kopf in die Hände
und höre, ich sing' dir ein Lied.

Ich sing' dir von Weh und von Tod und vom Ende,
ich sing' dir vom Glücke, das schied.

✳

Das Getto in Czernowitz wird aufgehoben. Ohne die
jüdische Bevölkerung ist die Stadt nicht lebensfähig. Aber
die Deportationen durch die Rumänen in rumänische
Arbeitslager diesseits des Bug, in deutsche jenseits des
Flusses halten an. Die Rumänen bekommen ihre Weisun-
gen vom SS-Brigadeführer und Generalmajor der Polizei,
Otto Ohlendorf, dem berüchtigten Chef der Einsatz-
gruppe D. Zweimal entgeht die Familie Meerbaum-Eisinger den »Aushebungen«. Das drittemal nicht. Ein junger
Mann klopft an die Wohnungstür der Familie Schächter.
Else öffnet. In der Hand hat der Unbekannte ein Album:
»Ich soll Ihnen das von Selma geben. Sie hat es mir
zugesteckt, als man sie heute mit ihren Eltern holte. Sie
möchten das Album an Selmas Freund Fichman weiter-
leiten.«

✳

Als Lejser Fichman für ein paar Tage nach Czernowitz
zurückkehrt, erhält er das ihm »in Liebe« zugedachte
Album. Er nimmt es mit zur Zwangsarbeit und verwahrt
es unter seinen Sachen im Lager. Bis 1944. Kurz bevor die
Rote Armee Czernowitz kampflos einnimmt, flieht er aus
dem rumänischen Arbeitslager, sucht Selmas Freundin
Else in Czernowitz auf und läßt ihr das Album mit den
Worten zurück: »Wer weiß, wie es unter den Russen wird.
Ich will nicht noch einmal von Palästina abgeschnitten
sein. Aber ich will auch nicht, daß die Gedichte Selmas
verlorengehen, wenn ich es nicht schaffe.«
Der 21jährige Lejser Fichman schaffte es nicht. Er
gelangte nach Bukarest und bis an das Schwarze Meer. Am
5. August, dem 20. Geburtstag Selmas, wurde das mit
jüdischen Flüchtlingen besetzte türkische Schiff »Mef-
kuré« von dem sowjetischen U-Boot SC-215 versenkt.
Die Eltern Lejser Fichmans und sein Bruder gelangten auf
anderen Wegen nach Israel. Der Bruder kam ums Leben,

als bei einer Feier der Fallschirmspringer in Israel ein Flugzeug abstürzte. Der Sohn des Bruders fiel im Jom-Kippur-Krieg. Lejser Fichmans Mutter kam bei einem Autounfall um. Ihr Mann starb vor Gram.

✳

Selma Meerbaum-Eisinger und ihr Weg in den Tod. Sie kam in das Lager Cariera de piatra westlich des Bug. Eine Sammelstelle für Arbeitskräfte, die von deutschen Straßenbaufirmen bei den Arbeiten an der Durchgangsstraße 4 gebraucht wurden. Die »Organisation Todt« und die SS sorgten für die Zuteilung. Wer den SS-Männern für diese Arbeit untauglich erschien, wurde erschossen. Drei Monate kampiert Selma mit ihren Eltern zusammen mit Kranken, Kindern und Greisen unter freiem Himmel. Außer einer dünnen Suppe gibt es nichts zu essen. Die ersten sterben. Das Gelände des Steinbruchs, auf dem die Deportierten leben, läßt das Ausheben von Gräbern nicht zu. Die Leichen werden in die Tümpel an den Ufern des Bug geworfen, Vögeln und streunenden Hunden zum Fraß.
Der einzig erhaltene Brief Selmas aus dem Lager ist heute im Besitz von Frau Schächter-Keren. Ganz winzig zusammengefaltet schmuggelte ihn ein kleiner jüdischer Junge in das nächste Lager, wo die Freundin Renée festgehalten wurde. »Man hält es aus«, schrieb Selma, »trotzdem man immer wieder meint: Jetzt, jetzt ist es zuviel, ich halte nicht mehr durch, jetzt breche ich zusammen...« Ihre letzten Worte: »Küsse. Chasak – Selma.« Chasak ist Hebräisch und heißt: »Sei stark.«

✳

Renée Abramovici-Michaeli aus Natanya und Else Schächter-Keren trafen sich 1944 in Czernowitz wieder. Die eine war aus dem Lager geflohen, die andere von der Deportation verschont geblieben. Sie tauschten die Hinterlassenschaft ihrer Freundin Selma. Mit Selmas Album im Rucksack schlug sich die Freundin Renée quer durch Europa. Zu Fuß, mit dem Pferdewagen, auf Dächern von Personenzügen, durch Polen, Ungarn, die Tschechoslowakei, durch Österreich, durch Deutschland nach Paris. 1948 landete sie mit einem Schiff in Israel, in ihrem Handgepäck die Gedichte. Der Koffer, den sie vorausgeschickt hatte, ging verloren. »Mit den Gedichten Selmas hab' ich die Heimat herumgetragen und hierher gebracht.«

*

Ein Jahr später kam Else Schächter-Keren, ebenfalls über Paris, nach Israel. Die beiden Freundinnen sprachen deutsch. Deutsch wurde in Israel öffentlich sehr lange nicht gesprochen. Kein deutsches Gedicht und kein deutsches Lied im Rundfunk, auch wenn es von einem deutschen Juden gewesen wäre. Das Trauma verdrängte auch die Gedichte der Selma Meerbaum-Eisinger. Erst jetzt werden sie auch in Israel wahrgenommen. Der Rundfunk brachte eine ausführliche Sendung über die Gedichte Selmas. Die Universität Tel Aviv reihte die Gedichte in die Veröffentlichungen des Diaspora Research Institute ein.

*

Gäbe es nicht den Maler Arnold Daghani und seine Frau Anisoara, niemand wüßte, wann und wie Selma Meerbaum-Eisinger gestorben ist. Nur wenige überlebten die Zeit in Michailowka. Die meisten wurden erschossen, sobald sie nicht mehr arbeiten konnten. Daghani, der heute 71jährig im englischen Brighton lebt, brachte aus dieser Hölle ein Tagebuch mit:
»19. Oktober 1942. Sonntag. Mir wurde von Selma Eisinger, achtzehn Jahre alt, das Buch ›Das Heim und die Welt‹ von Tagore, das ihr gehörte, versprochen.«
»25. Oktober 1942. Sonntag. Ich konnte das Buch nicht bekommen... es wurde inzwischen als Zigarettenpapier verwendet.«
»16. Dezember 1942. Gegen Abend hauchte Selma Meerbaum-Eisinger ihr Leben aus.«
»17. Dezember 1942. Professor Dr. Gottlieb ist an Entkräftung gestorben. – Er und Selma wurden zusammen begraben...«

»18. Dezember 1942. Frau Eisinger hat mir erzählt, daß Selma, bevor sie krank wurde, die Absicht gehabt hat, mit einem Milizmann zu flüchten. Sie erfuhr dies aus einem Abschiedsbrief an sie, der in Selmas Mantel gefunden wurde. Ich erfuhr auch so, daß Selma schöne Gedichte verfaßt hatte.«

Der Tod des Mädchens Selma. Es muß ihrer Mutter und ihrem Stiefvater gelungen sein, die SS-Männer über den Gesundheitszustand ihrer Tochter zu täuschen. Wer in Michailowka wie Selma an Flecktyphus erkrankte, wurde von der SS sofort erschossen. Frau Daghani erzählt, wie Selma mit Fieber daniederlag und leise vor sich hinsang: »Die Stimme wurde immer schmaler, schwächer. Dann war es still.«

※

Arnold Daghani zeichnete damals die tote Selma in der Unterkunft. Über eine Leiter wird die in eine Decke gehüllte Leiche von der obersten Plattform eines Bettgerüsts herabgehoben. Das Bild befindet sich in der Gedenkstätte Yad Vashem in Jerusalem, wo eine ständige Ausstellung die deutschen Verbrechen an den Juden dokumentiert.

※

Gäbe es nicht Arnold Daghani, wir wüßten nicht, wie sich die SS in Michailowska einen Spaß daraus machte, wieder und wieder ein paar Juden herauszugreifen und sie zu erschießen. 16 Juden am 29. August 1942, darunter eine junge Mutter mit ihrem Säugling. Die Erwachsenen mußten vorher ihr eigenes Grab schaufeln. Am 5. September ein 18jähriges Mädchen, das ebenfalls eine Grube ausheben mußte, dann hineingestoßen und erschossen wurde. Am 14. September 25 Häftlinge, die vor der Arbeit selektiert und dann erschossen wurden. Am 12. November 107 Zwangsarbeiter, für die im Winter kein Platz mehr in den Scheunen vorhanden gewesen sei, so die Begründung der Nazis.

In Arnold Daghanis Tagebuch, das 1947 in Bukarest in

rumänischer Sprache und zugleich in London auf englisch erschien, das unter dem Titel »Laßt mich leben« 1960 deutsch in Tel Aviv herausgebracht wurde, taucht immer wieder ein Name auf, der den Häftlingen Furcht und Schrecken einjagte: SS-Unterscharführer Walter Mintel, der Lagerführer.

✳

Nach meiner Rückkehr aus Israel erkundigte ich mich bei der Zentralstelle zur Verfolgung von NS-Verbrechen in Ludwigsburg, ob es in der Kartei einen Walter Mintel gibt.
Es gibt ihn.
Die Ermittlungen wegen Mordes im Arbeitslager Michailowska liefen seit 1961. Im Jahre 1973 wurde das Verfahren gegen Walter Mintel eingestellt. Eine Spanne von zwölf Jahren zerstörte das ursprüngliche Erinnerungsbild der Zeugen.
Walter Mintel, Vater von acht Kindern, seit 1971 in zweiter Ehe verheiratet, nach dem Kriege Vorarbeiter, ist heute 73 Jahre alt. Als Beschuldigter sagte er aus, er sei nie in Michailowska gewesen.

Zu dieser Ausgabe

Der Titel ist dem Gedicht »Tränenhalsband« entnommen. Im übrigen folgt der Band der Anordnung der Gedichte, wie sie Selma Meerbaum-Eisinger selbst vorgenommen hat. Der Verlag dankt dem STERN, der die Recherchen Jürgen Serkes ermöglichte und mit dem hier nachgedruckten Vorwort die Entdeckung Selma Meerbaum-Eisingers in der Bundesrepublik einleitete.

Die Gedichte

Lied

Heute tatest du mir weh.
Rings um uns war Schweigen nur,
Schweigen nur und Schnee.
Himmel war, nicht wie Azur,
blau jedoch und voll mit Sternen.
Windeslied erklang aus fernsten Fernen.

Heute warst du mir ein Schmerz.
Häuser waren da, so weiß verschneit,
alle in des Winters Kleid.
Ein Akkord in tiefer Terz
war in unsrer Schritte Klang.
Bahnsirenen heulten lang...

Heute war es wunderschön.
Schön wie tiefverschneite Höh'n,
eingetaucht im Abendglutenring.

Heute tatest du mir weh.
Heute sagtest du mir: geh!
Und ich – ging.

25. 12. 1939

Farben

So blau liegt es über dem schneeweißen Schnee
und so schwarz sind die grünen Tannen,
daß das ganz leise hinhuschende Reh
so grau ist wie nie beendbares Weh,
das man doch so gern möchte bannen.

Schritte knirschen in Schneemusik
und Winde stäuben die Flocken zurück
auf die weiß überschleierten Bäume.
Und Bänke stehen wie Träume.

Lichter fallen und spielen mit Schatten
unendliche Ringelreihen.
Die fernen Laternen blinken mit mattem
Schein, den vom Schneelicht sie leihen.

18. 12. 1939

Kristall

Ganz still. Und viele welke Blätter liegen
wie braunes Gold, in Sonne eingetaucht.
Der Himmel ist sehr blau,
und weiße Wolken wiegen.
Ein heller Frost den Reif auf Bäume haucht.

Die Tannen stehen frisch und grün,
und ihre Wipfel zeigen in die Luft.
Und rote Buchen schlank und kühn
hör'n auf den Adler, dessen Flug sie ruft,
und steigen immer höher himmelan.
Einsame Bänke stehen dann und wann
und auch ein bißchen Gras, schon halb erfroren
die Sonne hat's zu ihrem Liebling auserkoren.

8. 12. 1940

Den gelben Astern ein Lied

Sie blicken durch den Regen hell mich an,
so licht, daß sie die Sonne mir ersetzen.
Und gar nichts von des Regens Trauer kann
die leuchtend gelbe Freude mir verletzen.
Auflachend neigen sie sich in dem Grün,
das rein und frisch ihr Lachen mir begleitet –
ich leg' ihnen mein Lied zu Füßen hin,
weil sie mir eine Freude heut bereitet.

30. 6. 1941

Kastanien

Auf dem glatten hellen Wege
liegen sie, verstreut und müde,
braun und lächelnd wie ein weicher Mund,
voll und glänzend, lieb und rund,
hör' ich sie wie perlende Etüde.

Wie ich eine nehme und in meine Hand sie lege,
sanft und zärtelnd wie ein kleines Kind,
denk' ich an den Baum und an den Wind,
wie er leise durch die Blätter sang,
und wie den Kastanien dieses weiche Lied
sein muß wie der Sommer, der unmerklich schied,
nur als letzten Abschied lassend diesen Klang.

Und die eine hier in meiner Hand
ist nicht braun und glänzend wie die andern,
sie ist matt und schläfrig wie der Sand,
der mit ihr durch meine Finger rollt.
Langsam, Schritt für Schritt, wie ungewollt
laß' ich meine Füße weiter wandern

23. 9. 1939

Welke Blätter

Plötzlich hallt mein Schritt nicht mehr,
sondern rauschet leise, leise,
wie die tränenvolle Weise,
die ich sing', von Sehnsucht schwer.
Unter meinen müden Beinen,
die ich hebe wie im Traum,
liegen tot und voll von Weinen
Blätter von dem großen Baum.

24. 9. 1939

Stille

Im Zimmer schwebt die Stille und die Wärme,
ganz wie ein Vogel in durchglühter Luft,
und auf dem schwarzen kleinen Tische
liegt still das Deckchen, dünn und zart wie Duft.
Das Glas mit klarem Wasser, wie ein Traum,
wacht, daß das Glöckchen neben ihm nicht lärme,
und wartet scheinbar auf die kleinen Fische.
Die rote Nelke dämmert in den Raum,
als wäre sie dort Königin.

Die ganze Stille scheint für sie zu sein,
und nur die Flasche mit dem süßen Wein
blinkt still und wie befehlend zu ihr hin.
Sie aber schwebt auf ihrem grünen Stengel,
dünn wie im Kindertraum das Kleid der Engel,
und ihr betäubend süßer Duft lullt ein,
als wollt' er aus dem Märchenschlaf
Dornröschen rauben.

Die Fenster blicken auf die Straße und sie glauben,
daß dort sei alles nur für sie getan.
Der Spiegel glänzt und in ihm tickt die Uhr,
ganz weit im fernen Dorfe kräht ein Hahn,
und die Gardinen bändigt eine blaue Schnur.
Die Nelke mit den zarten roten Spitzen
harret des Sonnenstrahls, der durch die Ritzen
ihr heut ein Kleid aus Goldstaub angetan.

24. 10. 1939

Spaziergang

... so viele Hühner und ein kleiner weißer Hund
und Himmel, der so farbenfroh und bunt –
der kahle Baum wirkt so gespensterhaft
und graue Häuser wie ganz ohne Kraft ...
Ganz kleine Regenperlen hängen an den Zweigen
und ferne Berge sind getaucht in großes Schweigen.

Die Felder sind nur dunkelbraune Schollen
und hie und da ein bißchen gelbes Grün
und kleine Spatzen, dumm und frech und kühn,
laufen darüber hin wie Kinder, welche tollen ...
Ganz fern die Stadt mit ihren vielen Türmen,
mit Häusern, welche licht und froh hinstürmen,

ist wie ein altes Bild aus einem Märchen.
Die Luft ist leis und voll von Sehnen,
so daß man wartet auf die blauen Lerchen
und fahren möchte in ganz schlanken Kähnen.

Hier stehen weiße Astern, weiß und rein,
und da ein Krautkopf, jung und klein.
Sie sind wie ein vergeßner Sonnenschirm
mitten auf tief verschneiten Straßen.
Ein Hase, der vorbeiläuft, kann sich gar nicht fassen:
es scheint, es würde Sommer wieder sein.

29. II. 1939

Welkes Blatt

Auf der halbvergilbten Seite
liegt das dünne, gelbe Blatt,
liegt es traurig, zart und matt
wie ein Tränenblick ins Weite.
Und der Stengel ist so biegsam zart,
daß man fast des dünnen Kleides harrt,
das diese Gestalt bekleiden soll.

Und das Blatt ist wie ein Lied in Moll,
weil es an den Herbst gemahnt,
wie ein Kind, das traurig ahnt,
daß es krank ist und bald sterben soll,
ganz so süß und voll verhaltnem Weh.
So ist auch der letzte Schnee ...

1. 2. 1940

Der Kelch

So steht er da: so blitzend und so schlank
wie eine nackte Jungfrau, die dem Meer entstiegen,
und seine Lichter tanzen, drehen, wiegen
so hell wie tausend Schlittenglöckklingklang.
Das Glas ist kühl und glatt wie Frauenhände,
die, über Tasten schwebend, spielen die Legende
vom Prinzen, welcher mit dem Drachen rang.

1. 2. 1940

Frühling

Sonne. Und noch ein bißchen aufgetauter Schnee
und Wasser, das von allen Dächern tropft,
und dann ein bloßer Absatz, welcher klopft,
und Straßen, die in nasser Glattheit glänzen,
und Gräser, welche hinter hohen Fenzen
dastehen, wie ein halbverscheuchtes Reh . . .

Himmel. Und milder, warmer Regen, welcher fällt,
und dann ein Hund, der sinn- und grundlos bellt,
ein Mantel, welcher offen weht,
ein dünnes Kleid, das wie ein Lachen steht,
in einer Kinderhand ein bißchen nasser Schnee
und in den Augen Warten auf den ersten Klee . . .

Frühling. Die Bäume sind erst jetzt ganz kahl
und jeder Strauch ist wie ein weicher Schall
als erste Nachricht von dem neuen Glück.
Und morgen kehren Schwalben auch zurück.

7. 3. 1940

Nachmittag

Dünne Zweige wie weltferne Schleier
ranken sich aus schlanken Birkenstämmen,
und die Stille, wie bei einer Feier,
ist als wollte sie den blauen Himmel dämmen,
daß er nicht zu weit ins Vogelsingen sich ergieße.
Braune nasse Wege. Und ein erblühter Baum
ist so, als ob die Erd' er neu erschließe.

Grüne Gräser sprießen kaum.
Alle Tannen sind ganz neu ergrünt
und ein dünner, gelber Falter sich erkühnt,
sich auf eine sonnentrunk'ne Bank niederzulassen.

Einer grünen Fliege will das gar nicht passen:
Ist die Sonne nicht für sie allein?
Nur die Schlehdornspitzen wispern leise: Nein!

16. 4. 1940

Spätnachmittag

Lange Schatten fallen auf den hellen Weg
und die Sonne schickt noch letzte Abschiedswärme
und das dünne Zwitschern eines Vogels ist, als ob es lärme
und als stehl' es etwas von der Stille weg.
Menschen auf zehn Schritt Entfernung
sind wie aus ganz andern Welten
und fast möchte man die welken Blätter schelten,
daß sie rascheln und die letzten Sonnenstrahlen stören.
Und man möchte nur die Veilchen wachsen hören.

16. 4. 1940

Regen

Du gehst. Und der Asphalt ist plötzlich naß
und plötzlich ist das Grün der Bäume neu
und ein Geruch wie von ganz frischem Heu
schlägt dir in dein Gesicht, das heiß und blaß
auf diesen Regen wohl gewartet hat.

Die Gräser, welche staubig, müd und matt
sich bis zur Erde haben hingebeugt,
sehen beglückt die Schwalbe, welche nahe fleugt,
und scheinen plötzlich stolz zu sein.

Du aber gehst. Gehst einsam und allein
und weißt nicht, sollst du lachen oder weinen.

Und hier und da sind Sonnenstrahlen, welche scheinen,
als ginge sie der Regen gar nichts an.

Mai 1940

Abend I

Der Himmel ist vom hellsten Blau
und weiße Wolken lächeln mit ihm.
Und schlanke Bäume, dunkel oder grün,
sehen dich an und sagen lautlos: schau!

Alles ist eingehüllt in weiche Luft,
die still ist, so als ob sie einem Märchen lausche.
Und alle Vögel horchen wie im Rausche –
man hört nur Duft.

Die weißen Wolken blinken wie der Schnee,
der auf Vergißmeinnicht gefallen ist.
Und ganz so blau liegt auch das weiche Weh,
das sich über die Bäume gießt.

Und – sind die Bäume dunkel oder grün?
Sie wissen es wohl selber nicht genau.
In einem Fenster zittert aus dem Blau
ein Tropfen Rot. Sie blühn.

14. 7. 1941

Abend II

Wie eine Linie dunkelblauen Schweigens
liegt fern der Horizont, von weichem Rot umsäumt.
Die Wipfel schaukeln wie im Banne eines Reigens,
das Licht ist wie im Märchen, sanft und blau verträumt.
Der Himmel ist noch hell, noch sieht man kaum die Sterne,
die Luft ist kühl und weich wie eine Frauenhand
und süße Melodie dringt aus der fernsten Ferne:
Musik einer Schalmei, zauberhaft, unbekannt.

12. 12. 1941

Trauer

Lichter spiegeln sich in schmutzig-nassen Pfützen,
gelb und fettig, schmutzig auch und schwer.
Helle Häuserfenster können gar nichts nützen.
Tore hallen hehr und leer.

Liegt der Nebel müde auf den Straßen
und der Regen rinnt und rinnt.
Menschen sind zu traurig, um sich noch zu hassen,
und es hüstelt irgendwo ein Kind.

In den Gärten liegen halbverfaulte Blätter,
stehen Bänke, traurig, naß und grau,
kommt die Sonne immer seltener und später,
nimmt's der Mond mit Scheinen nicht genau.

Dringt das halbe Tageslicht noch durch den Nebel,
trüb und grau und klebrig schwer.
Klirrt die Wache schläfrig mit dem Säbel
und ein nasser Vogel zittert sehr.

Stehen dürre, hungerige Pferde
dampfend da, mit müden Augen.
Ganz durchweicht, verstreut auf nasser Erde,
kann der Hafer nicht mehr taugen.

An der moderigen Mauer
eine nasse Katze schleicht.
Mit hervorgekehrtem Pelz ein Bauer
schaut, ob ihm das Geld noch reicht.

6. 12. 1940

Sehnsuchtslied

Leise schlägst in deinem Lied du einen Ton an –
und dir ist, als fehlte noch etwas.
Und du suchst verwirrt bei allen Tönen,
ob sie dir nicht sagen können,
wo's zu finden, wo und wie und wann . . .
Doch der eine ist zu blaß
und zu lüstern ist der zweite
und der dritte ist so voll mit Weite –
viel zu voll.

Du suchst lange – Moll und Dur und Moll
werden lebend unter deinen Händen.
Und dann schlägst du plötzlich eine Taste an,
und – es kommt kein Ton.
Und das Schweigen ist dir wie ein dumpfer Hohn,
denn du weißt es plötzlich ganz genau:
Dieser fehlt dir. Wenn ihn deine Hände fänden,
fiele ab von deinem Lied der Bann,
wär' das Ende nicht mehr leer und grau.

Und du rührst und rührst die Taste –
fragst dich, wo hier wohl die Hemmung liegt,
suchst, ob nicht doch deiner Hände Weiche siegt,
deine Augen betteln voll Verlangen.
Kein Ton kommt. Einsamkeit bleibt nun zu Gaste
in dem Lied, das dir so schwer und süß gereift.

Um den ungespielten Ton wirst du nun ewig bangen,
bangen um das Glück, das dich nur leicht gestreift
in den leisen Nächten, wenn der Mond dich wiegt
und die Stille deine Tränen nicht begreift.

9. 1. 1941

Schlaflied für mich

Ich wiege und wiege und wiege mich ein
mit Träumen bei Tag und bei Nacht
und trinke den selben betäubenden Wein
wie der, der schläft, wenn er wacht.

Ich singe und singe und sing' mir ein Lied,
ein Lied von Hoffnung und Glück,
ich sing' es wie der, der geht und nicht sieht,
daß er nimmermehr gehn kann zurück.

Ich sage und sage und sag' mir die Mär,
die Mär vom Liebesgeflecht,
ich sage sie mir und glaub' doch nicht mehr
und weiß doch: das Ende ist schlecht.

Ich spiele und spiele mir die Melodei
der Tage, die nicht mehr sind,
und mache mich von der Wahrheit frei
und tue, als wäre ich blind.

Ich lache und lache und lache mich aus
ob dieses meines Spiels.
Und spinne doch Träume, so wirr und so kraus,
so bar eines jeden Ziels.

Januar 1941

Du, weißt du ...

Du, weißt du, wie ein Rabe schreit?
Und wie die Nacht, erschrocken bleich,
nicht weiß, wohin zu fliehn?
Wie sie verängstigt nicht mehr weiß:
Ist es ihr Reich, ist es nicht ihr Reich,
gehört sie dem Wind oder er ihr,
und sind die Wölfe mit ihrer Gier
nicht zum Zerreißen bereit?

Du, weißt du, wie der Wind schrill heult
und wie der Wald, erschrocken bleich,
nicht weiß, wohin zu fliehn?
Wie er verängstigt nicht mehr weiß:
Ist es sein Reich, ist es nicht sein Reich,
gehört er dem Regen oder der Nacht
und ist der Tod, der schauerlich lacht,
nicht sein allerhöchster Herr?

Du, weißt du, wie der Regen weint?
Und wie ich geh', erschrocken bleich,
und nicht weiß, wohin zu fliehn?
Wie ich verängstigt nicht mehr weiß:
Ist es mein Reich, ist es nicht mein Reich,
gehört die Nacht mir, oder ich, gehör' ich ihr,
und ist mein Mund, so blaß und wirr,
nicht der, der wirklich weint?

4. 3. 1941

46

Märchen

So. Und das ist wahrscheinlich der Schluß.
Der Regen weint und es weint die Nacht
und es weint mein Mund um einen Kuß
und weint und weint – und lacht.

So geht wohl jedes Märchen aus,
denn sonst – ist es nicht wahr:
Einer allein in den Wind hinaus
und die Nacht ist sein Altar.

Und die Sehnsucht ist seine Priesterin.
In einem großen, blauen Kleid
kniet sie zu seinen Füßen hin
und sie ist so weit ... so weit ...

So weit wie meine Augen –
verloren in einem Wald,
spielen sie blind und tot mit dem Wind,
und ich bin müd und kalt.

Die Wege sind so endlos lang.
Und meine Tage sind es auch
und allen Bäumen wird so bang.
Verregnet jeder Strauch.

Ich gehe mit der Nacht vereint
und bin so einsam wie sie.
Der Regen weint und der Wind weint
um mich – oder um sie?

7 . 3 . 1941

Ich bin der Regen

Ich bin der Regen, und ich geh'
barfuß einher von Land zu Land.
In meinen Haaren spielt der Wind
mit seiner schlanken, braunen Hand.

Mein dünnes Kleid aus Spinngeweb'
ist grauer als das graue Weh.
Ich bin allein. Nur hie und da
spiel' ich mit einem kranken Reh.

Ich halte Schnüre in der Hand,
und es sind auf ihnen aufgereiht
alle die Tränen, welche je
ein blasser Mädchenmund geweint.

Sie alle habe ich geraubt
bei schlanken Mädchen, spät bei Nacht,
wenn mit der Sehnsucht Hand in Hand
sie bang auf langem Weg gewacht.

Ich bin der Regen, und ich geh'
barfuß einher von Land zu Land.
In meinen Haaren spielt der Wind
mit seiner schlanken, braunen Hand.

8. 3. 1941

Ja

Du bist so weit.
So weit wie ein Stern, den ich zu fassen geglaubt.
Und doch bist du nah –
nur ein wenig verstaubt
wie vergangene Zeit.
Ja.

Du bist so groß.
So groß wie der Schatten von jenem Baum.
Und doch bist zu da –
nur blaß wie ein Traum
in meinem Schoß.
Ja.

6. 7. 1941

Poem

Die Bäume sind von weichem Lichte übergossen,
im Winde zitternd glitzert jedes Blatt.
Der Himmel, seidig-blau und glatt,
ist wie ein Tropfen Tau vom Morgenwind vergossen.
Die Tannen sind in sanfte Röte eingeschlossen
und beugen sich vor seiner Majestät, dem Wind.
Hinter den Pappeln blickt der Mond aufs Kind,
das ihm den Gruß schon zugelächelt hat.

Im Winde sind die Büsche wunderbar:
bald sind sie Silber und bald leuchtend grün
und bald wie Mondschein auf lichtblondem Haar
und dann, als würden sie aufs neue blühn.

Ich möchte leben.
Schau, das Leben ist so bunt.
Es sind so viele schöne Bälle drin.
Und viele Lippen warten, lachen, glühn
und tuen ihre Freude kund.
Sieh nur die Straße, wie sie steigt:
so breit und hell, als warte sie auf mich.
Und ferne, irgendwo, da schluchzt und geigt
die Sehnsucht, die sich zieht durch mich und dich.
Der Wind rauscht rufend durch den Wald,
er sagt mir, daß das Leben singt.
Die Luft ist leise, zart und kalt,
die ferne Pappel winkt und winkt.

Ich möchte leben.
Ich möchte lachen und Lasten heben
und möchte kämpfen und lieben und hassen
und möchte den Himmel mit Händen fassen

und möchte frei sein und atmen und schrein.
Ich will nicht sterben. Nein!
Nein.
Das Leben ist rot,
Das Leben ist mein.
Mein und dein.
Mein.

Warum brüllen die Kanonen?
Warum stirbt das Leben
für glitzernde Kronen?

Dort ist der Mond.
Er ist da.
Nah.
Ganz nah.
Ich muß warten.
Worauf?
Hauf um Hauf
sterben sie.
Stehn nie auf.
Nie und nie.
Ich will leben.
Bruder, du auch.
Atemhauch
geht von meinem und deinem Mund.

Das Leben ist bunt.
Du willst mich töten.
Weshalb?
Aus tausend Flöten
weint Wald.

Der Mond ist lichtes Silber im Blau.
Die Pappeln sind grau.
Und Wind braust mich an.
Die Straße ist hell.
Dann...

Sie kommen dann
und würgen mich.
Mich und dich
tot.
Das Leben ist rot,
braust und lacht.
Über Nacht
bin ich
tot.

Ein Schatten von einem Baum
geistert über den Mond.
Man sieht ihn kaum.
Ein Baum.
Ein
Baum.
Ein Leben
kann Schatten werfen
über den
Mond.

Ein
Leben.
Hauf um Hauf
sterben sie.
Stehn nie auf.
Nie
und
nie.

7. 7. 1941

August

Es ist so kalt –
Geistergestalt
    Sitz' ich da.
Der Regen weint
Mit mir vereint,
    Fern und nah.

Die Sehnsucht blaut
Mir nah vertraut
    Und bekannt.
Sie ist in mir
Und blickt zu dir
    Wie gebannt.

Von Tränen schwer
Gespenstisch leer
    Ist mein Blick.
Er sieht dich an
Voll Leid und kann
    Nicht zurück.

30. 6. 1941

Herbst

Der Regen spinnt
Sein graues Lied
    Von Sehnsucht und
    Von schwerem Weh.

Von Träumen blind
Alleinseins müd
    Bin ich ein Hund
    Und – geh'.

Verloschnes Gold
Und toter Traum
    Von Liebe sieht
    Mich an und schweigt.

Und um mich rollt
Schillernder Schaum –
    Die Sehnsucht zieht
    Und – geigt.

Der Herbst ist da
Und weint mich an
    Mit Augen, die
    Erloschen sind.

Ich weiß, er sah:
Das Glück verrann,
    Zwang mich ins Knie
    Und – ging.

30. 6. 1941

Lied

Nimm hin mein Lied –
Es ist nicht froh,
Der Regen weint und weint.
Und wer ihn sieht
Weiß sowieso,
Wie es das Glück gemeint.

Es ist vorbei
Die helle Zeit,
Die Lachen uns gelehrt.
Sie ging entzwei,
Zwiespalt gedeiht –
Wenn auch die Welt sich wehrt.

Kehrt sie zurück?
Ich weiß es nicht.
Vielleicht weiß es der Wind.
Er kennt das Glück,
Wenn's nicht zerbricht,
So sagt er's uns geschwind.

Doch sieh, der Wind
Verbirgt sich doch –
Er ist ja gar nicht da.
Ganz wie ein Kind,
So glaubt er noch:
Nur er weiß, was geschah.

Nimm hin mein Lied.
Vielleicht bringt es
das Lachen einst zurück.

Und wer es liest,
Der sagt: Ich seh's,
und meint damit das Glück.

30. 6. 1941

Herbstregen

Ich starr' hinaus
Und seh' – versteh'! –
Dabei der Trauer ins Gesicht.
Und so wie ich den Regen seh' –
Oh, so siehst du ihn nicht.

Er ist für mich dem Weinen gleich,
Das mich wiegt – Nacht um Nacht.
Und auch der Rauch
Ist ganz so bleich
Wie mich dein Bild gemacht.

30. 6. 1941

Hände

Kraftvoll schön, gemeißelt wie aus weißem Stein,
dem ein Sonnenstrahl hat Leben eingehaucht
und der von den schönsten Rosen zarte Blätter hat geliehen,
sprechen sie im schlanken Spiel der Finger
mit den Händen, die sich ihnen anvertraut.

Sehnen spielen wie ganz ranke, nackte Ringer
und sind doch kosender Laut,
der betäubend süße Worte braut
für die Lippen, die verängstigt fliehen . . .

Und die Finger, die verhalten zärtlich ziehen
über seidenweiche warme Haut,
sind wie Menschen, die, als sie das Glück geschaut,
fast vergessen hätten, es zu fassen,
und es doch im letzten Augenblick gefaßt.
Ganz so ängstlich wollen sie die anderen nicht lassen
und sie flattern über sie in wilder Hast,
die bei der Berührung weich in Liebe sich verwandelt.

Plötzlich aber klammern sie sich an,
und sie zucken nur noch leise, dann und wann,
wie ein Kind nach langem Weinen
nur noch manchmal lautlos schluchzt.
Doch schon ist's, als würden Sonnen scheinen
– ganz von Ferne noch und noch ganz zag –
doch schon kündend neuen hellen Tag.

14. 10. 1941

Haar

Spiel von Lichtern. Weiche, volle Locke mitten in die
                                    lodernd weiße Stirn.
Spröde, lockend nur zum In-die-Höhe-streichen.
Goldig braun der Grundton, ganz wie bei den schweren,
                                                weichen
Früchten, die auf hohen Kerzen sprießen.
Abendlichter, die sich lächelnd gießen,
machen hier, noch einmal aufglüh'nd, halt.
Hier und da ein Strähn ist rostrot, als ob bald
hier der Herbst wollt' Einkehr halten.
Kleine korngoldblonde Spitzen walten,
daß der ganze Reichtum aufrecht stehe,
auf daß jeder es bestätigt sehe,
daß der König dieser Schätze aufrecht steht.
Ganz von fern sieht's aus, als ob das Glück dir weht.

18. 10. 1940

Ich bin die Nacht

Ich bin die Nacht. Meine Schleier sind
viel weicher als der weiße Tod.
Ich nehme jedes heiße Weh
mit in mein kühles, schwarzes Boot.

Mein Geliebter ist der lange Weg.
Wir sind vermählt auf immerdar.
Ich liebe ihn, und ihn bedeckt
mein seidenweiches, schwarzes Haar.

Mein Kuß ist süß wie Fliederduft –
der Wanderer weiß es genau . . .
Wenn er in meine Arme sinkt,
vergißt er jede heiße Frau.

Meine Hände sind so schmal und weiß,
daß sie ein jedes Fieber kühlen,
und jede Stirn, die sie berührt,
muß leise lächeln, wider Willen.

Ich bin die Nacht. Meine Schleier sind
viel weicher als der weiße Tod.
Ich nehme jedes heiße Weh
mit in mein kühles, schwarzes Boot.

6. 5. 1941

Rote Nelken

Ich habe Angst. Es drückt auf mich das Dunkel jeder
    schwülen Nacht.
Es ist so still, und mich erstickt des großen Schweigens
    schwere Pracht.
Warum, warum bist du nicht da? Ich hab' gespielt, ich
    weiß – verzeih.
Ich hab' mit meinem Glück gespielt – es ging entzwei –
    verzeih.
Es tut so weh, allein zu sein. Drum komm, ich warte ja.
Wir lachen uns ein neues Glück, so glaub es doch und
    komm zurück – es ist ja so viel Lachen da.
Schau mich doch an. Ist wohl mein Bild noch da in deinem
    fernen Blick?
Ich will dich, wie die Traube will, daß man sie, wenn sie
    reif ist, pflückt.
Mein Haar, es wartet. Und mein Mund will, daß du wieder
    mit ihm spielst.
Sieh – meine Hände bitten dich, daß du sie in die deinen
    hüllst.
Sie sehnen sich nach deinem Haar und sehnen sich nach
    deiner Haut,
wie nach dem Traum sich sehnt ein Kind, das ihn auch nur
    einmal geschaut.
Schau, es ist Frühling. Doch ist er blind, er weint ja
    immerfort.

Solange wir nicht beisammen sind, so lange weint er wie
    der Wind, dem der liebste Wald verdorrt.
Sieh, alles wartet nur auf uns: es warten alle Wege, alle
    Bänke.
Es warten alle Blumen nur, daß ich sie pflücke und dir
    schenke.

Du hältst die Sterne, die auf unsrer Schnur noch fehlen, in
der Hand.
Du hast sie keiner anderen umgehangen.
Und findest du für sie nicht bald ein neues Band,
so hast du mit den vollen Händen nicht was anzu-
fangen.
Sieh – unsre Schnur, sie wartet noch. Ich hab' sie zärtlich
aufgehoben.
Es fehlt auch nicht ein einz'ger Stern und's ist kein fremder
mit verwoben.
Wir müssen nicht um neue Schnüre fragen. Die alte ist
noch schön und lang.
Und hast du auch noch tausend Sterne in der Hand – sie
kann noch zehnmal tausend tragen.
Du bist so stark. Ich möchte mich so gern in deine Arme
lehnen. Wenn du mich führst, so geh ich schnell.
Entsinnst du dich noch jener Nacht, der Schnee war weich
und klingend hell,
in der dein Arm mich stark umfing und ich so schnell und
sicher ging, als wär' ich groß wie du?

O, komm und führe mich so gut von Hindernis zu
Hindernis. Ich will gewiß nicht müde sein,
ich bin dann sicher nicht mehr klein
und brauche keine Ruh'.
Und dann – in unsrem Liebeszelt, o dann, dann werfen wir
der Welt das hellste Lachen zu.
Nicht wahr, du kommst? Ich wein' nicht mehr. O nein,
ich bin ja nicht mehr leer,
du kommst gewiß, du kommst geschwind, o du mein
starker, schöner Wind –
du wirst zum Sturm und reißt mich mit in deinem heißen,
wilden Ritt.
Ich bin noch hier. Der Traum ist aus. Ich bin allein – wie
roter Wein, so kocht mein heißes Blut.
Du bist nicht da – und warst so nah, und warst so süße,
wilde Glut.
Der Frühling weint. Er weint um uns. Wirst du ihn ewig
weinen lassen?

Du bist so gut. Drum komm zurück – du sollst mich um
    die Schultern fassen,
wir wollen glühn so wie im Traum, wir wollen blühn wie
    Baum nach Baum aufblühen werden dicht bei uns.
Ich will dann lachen. Und dann klingt die ganze Luft – die
    Sonne klingt. Das Wasser klingt, es klingt die Nacht –
so hör, ich hab' für dich gelacht!

Schlaflied

Schlaf, mein Kindchen, so schlaf schon ein,
so schlaf doch und weine nicht mehr.
Sieh nur, im Schlaf ist die Welt ja dein,
so schlaf schon und wein nicht so sehr.

Schließe die Augen und schlafe schon,
hör nur, es rauschet der Wald.
Im Schlafe da gibt es nicht Haß, nicht Hohn,
im Schlafe, da ist es nicht kalt.

Schlafe, mein Liebling, und lächle, Kind,
höre, der Fluß singt sein Lied.
Schlafe, dann singt dir vom Glück der Wind
und singt dir vom Frühling, der blüht.

Schlafe mein Kind und vergiß, was dich schmerzt,
dunkel ist für dich der Tag.
Hell ist die Nacht, wenn der Traum dich herzt,
so schlafe mein Kindchen, so schlaf.

Januar 1941

Wiegenlied

Hör doch die Schüsse dort in der Nacht –
ach, vielleicht ist dein Vater schon tot!
Ist tot, und du siehst ihn nicht mehr, wenn er lacht,
und siehst ihn nicht mehr, wenn er droht.

Sieh doch das Grauen dort in dem Wald –
vielleicht stirbt dein Vater jetzt!
Vielleicht bist du eine Waise bald,
und sein Körper ist bald zerfetzt...

Zerfetzt seine Lippen, zerfetzt sein Haar,
zerfetzt seine Hände auch –
und das alles schon nach einem Jahr,
und Glück ist verwandelt in Rauch...

Sieh, die Araber in weißem Gewand,
sie schleichen von hinten sich an.
Bald steht das Zelt, bald die Wiege in Brand,
bald schreien Kranke im Wahn!

Doch nein – dein Vater und viele mit ihm,
sie hüten ja dein Glück.
Sie geben für dich ihr Leben hin
und ihren letzten Blick.

Sie kämpfen bei Tag mit dem Pflug in der Hand
und sie hüten dir deine Nacht.
Sie kämpfen bei Tag mit Sümpfen und Sand
und stehen bei Nacht auf der Wacht.

Januar 1941

Gilu

Gilu...
  Eine Kette von glühenden, hingerissenen Menschen, die
  nichts wollen als sich austoben...
Gilu...
  Alle in uns aufgespeicherten Energien verausgaben wir
  in diesem Jauchzen, Singen, Stampfen –
  Für den Außenstehenden mag dieser Tanz nichts mehr
  als ein ungeordnetes Schreien und Trampeln be-
  deuten.
  Für uns ist es das Symbol unseres Lebens, unserer
  Wünsche:
  »Freiheit auf allen Gebieten!«
  Und wie sich aus dem anfangs sanften Wiegen – hin und
  her, hin und her – plötzlich der Tanz löst, stürmisch
  alles mit sich fortreißend...
  Alle lachen wir und alle singen und jubeln wir mit – und
  tanzen, tanzen – als gelte es unser Leben...
  Endlich löst sich die Verschlingung, und wir sind müde
  und heiser und atemlos – aber wir sind glücklich!

Mai oder Juni 1939

Lied der Freude

Liegt das Eis so schwer und weiß
und es hindert jede Regung.
Ist der Fluß so still – ohne Bewegung,
möchte doch gern schäumen, wild und heiß.
Und es können keine Wellen rauschen,
können nicht dem Lied des Winters lauschen,
schlafen, eingekrümmt in tiefem Kummer,
einen bösen, schweren Winterschlummer.

Müde hängt die Sonne in der grauen Luft,
weiß und müde liegt der Schnee.
Alles tot und müd und ohne Duft,
und es weint ein eingeschneiter Baum vor Weh.
Zerrt der Fluß an seinen Fesseln, will kein Eis,
bäumt sich auf, verzweifelt, wild und heiß,
schäumte gerne noch verrückt ins Blau hinein,
ist noch viel zu feurig, um schon tot zu sein.

Eines Tages hört man einen Kuckuck
und die Sonne leuchtet plötzlich auf
und der Schnee verschwindet, Hauf nach Hauf,
und der Fluß, er macht den letzten Kuck,
bricht des Eises schwere, weiße Decke,
flutet strömend über sie hinaus,
sieht erfreut die noch ganz kahle Rosenhecke,
schäumt und braust und lacht die weißen Schollen aus.

Lacht und lacht und will sich gar nicht halten –
klingt und fließt und ist voll Übermut.
Scheint die Sonne doch so warm und gut,
brechen Frühlingsblumen aus in allen Bodenfalten,
und die kleinen Hecken sind schon dünn belaubt.

Schwemmt der Fluß die Ufer weg und wäscht die Erde,
grüßt erfreut die altbekannte, weiße Herde,
die zu schaun er nicht mehr hat geglaubt.

11. 2. 1941

Der Sturm

Steht ein Rosenstrauch in deinem Garten
und er ist noch gar nicht grün.
Und du kannst es kaum erwarten,
daß die erste Knospe komme, zart und dünn,
und daß sie verkünde neues Leben.
Wartest, wartest voller Angst und Beben,
bis ein Morgen kommt – und sie ist da.

Und sie ist so fein und schlank und hell,
ganz geschlossen noch und kaum gesehn
und du möchtest, daß sie aufbricht, ganz, ganz schnell,
da du weißt, wie rasch die Zarten untergehn.
Doch es enteilt ein Tag und es enteilt ein zweiter
und die Himmel werden blauer, werden weiter
und die Knospe bricht nicht auf.

Und du weißt: wenn jetzt ein Frost kommt, stirbt sie,
stirbt und hat das Leben nicht gelebt.
Möchtest gerne helfen und weißt doch nicht wie,
fürchtest sehr, daß nicht ein Wind sich hebt,
der sie dir vom Stamme bricht –
in der Nacht, du schläfst und siehst es nicht,
und sie ist bei Tag schon tot.

Kommt dann eine Nacht, und Stürme brausen um dein
                                        Haus,
um dein Haus mit den verschloßnen Toren.
Und du bäumst dich auf und willst und willst hinaus
und dir klingt's wie Wimmern in den Ohren.
Endlich bist du draußen – und du siehst den Rosenstrauch
                                        dir an –

Sieh – es ist die Knospe aufgebrochen.
Was die Sonne nicht vermocht' in langen Wochen,
hat ein einz'ger Sturm getan.

März 1941

Ich bin der Weg gen Untergang

(Gedicht von Itzik Manger,
aus dem Jiddischen übersetzt.)

Ich bin der Weg gen Untergang,
der blonde Sonnentod,
der braune Hirtenpfeifenklang,
das müde Abendrot

Mein Bruder, geh du mir nicht nach,
mein Gehn ist nur Vergehn –
häng deinen jungen Glauben nicht
an meine blaue Trän'!

Meine Schönheit ist ein Messer,
sie stößt dir durch das Herz.
In Wein getaucht zwei Lippen:
mein ewig blauer Schmerz.

Meine Sehnsucht – ein Zigeuner
in wildem Windgebell –
eine tote weiße Mutter
auf dunkler Abendschwell'.

Mein Bruder, geh du mir nicht nach,
mein Gehn ist nur Vergehn –
häng deinen jungen Glauben nicht
an meine blaue Trän'!

Meine Lust – eine junge Nonne,
sie steht nackt beim Altar,
und ihre heißen Brüste
blühn ihrem blonden Narr.

Mein Glück – ein Regenbogen,
der im Sonnengolde blitzt
und immer bereit ist zu sterben,
noch eh' man ihn besitzt.

Mein Haß – ein wilder Reiter,
der hält in der Hand ein Seil.
Nur, statt des Feindes würgt er
das eigene Glück in der Eil'.

Mein Bruder, geh du mir nicht nach,
mein Gehn ist nur Vergehn –
häng deinen jungen Glauben nicht
an meine blaue Trän'!

5. 3. 1941

Schlaflied

(Gedicht von H. Lejwik,
aus dem Jiddischen übersetzt.)

Leg den Kopf auf meine Knie,
so ist es gut liegen.
Kleine Kinder schlafen schon,
große muß man wiegen.

Kinder haben Spielzeug viel,
spielen wann sie wollen.
Große sind sich selbst zum Spiel,
müssen ewig wollen.

Mußt nicht fürchten, ich bin da,
werd' dich nicht verstoßen.
Hast heut schon genug geweint,
ganz wie alle Großen.

Hast geweint und hast geklagt,
nun will ich dich wiegen.
Leg den Kopf auf meine Knie –
so ist es gut liegen.

11.7.1941

Herbstlied

(Gedicht von Paul Verlaine,
aus dem Französischen übersetzt.)

Schluchzen so lang,
So ewig bang –
    Herbstgeigen,
Rührt an mein Herz
Mit dunklem Schmerz –
    Schweigen.

Alles erstickt,
So bleich bedrückt
    Schlägt die Stund',
Tauchen mir auf
Tage wie Rauch,
    Weint mein Mund,

Ich geh' geschwind,
mich trägt der Wind,
    Müd und matt,
Lullt er mich ein
Ganz so wie ein
    Totes Blatt.

5. 3. 1941

* * *

*(Gedicht von Paul Verlaine,
aus dem Französischen übersetzt.)*

Es weint der Regen in mir,
Wie er weint auf die Stadt.
Ist's die Sehnsucht, die irr
Weint, verlassen in mir?

Süßes Regengeräusch,
Über Dächer und Welt,
Für ein Herz, das enttäuscht,
Süßes Regengeräusch.

Es weint ohne Sinn
Dir im Herzen der Tod.
Jede Tollheit ist hin
Und das Lied ohne Sinn.

's ist der bitterste Lohn,
Nicht zu wissen: warum?
Ohne Liebe und Hohn,
's ist der bitterste Lohn.

2. 8. 1941

Dämmerung

(Gedicht von Discipol Mihnea,
aus dem Rumänischen übersetzt.)

Die Dämmerung schafft eine Welt von Legenden,
und Schweigen schauert herab.
Die Fernen verlöschen mit blutenden Händen,
Nordnebel werden ihr Grab.

Ein Duft von Geheimnis fällt auf die Lieder,
und Kühle atmet das Gras.
Aus Waldwiesen tönen die rhythmischen Lieder
der Rehe, schemenhaft blaß.

Es löschen die Eichen mit rufendem Rauschen
das Leben in sterbendem Schein.
Vergessen träumt schweigend an Quellen, die lauschen
wie roter, verschütteter Wein.

Am Ufer der sehnsüchtig blauenden Teiche
schläft atmend der Jungfrauen Traum.
Im Mondlicht verzittern die Tropfen wie bleiche
Phantasmen aus tänzelndem Schaum.

1. 8. 1941

Vormittag

Der Wind singt sein Schlaflied
mit träumendem Rauschen,
die Blätter umschmeichelt er weich.
Ich laß' mich verführen, dem Liede zu lauschen,
und fühl' mich den Gräsern gleich.

Es schauern die Lüfte
und kühlen mein heißes,
in Sehnsucht gehülltes Gesicht.
Die ziehenden Wolken verstreuen ihr weißes,
der Sonne gestohlenes Licht.

Die alte Akazie
verrieselt ihr Schweigen
in zitterndem Blättergewirr.
Die Düfte der Erde erheben sich, steigen
und fallen dann wieder zu mir.

1. 8. 1941

Regenlied

Des Regens starker Gesang wird zum Rauschen,
Das voller und voller erklingt.
Es schweigt selbst der Wald, um dem Liede zu lauschen,
Das der strömende Himmel ihm singt.

Es schäumen mit wuchtendem Anprall die Wasser
Vom Himmel zur Erde herab.
Es rasen die Ströme des Regens in nasser,
Wild stürzender Wut, die der Blitz ihnen gab.

Es duckt sich und beugt ihren Rücken die Erde
Unter dem peitschenden Sausen.
Wie vom Hufschlag einer hinrasenden Herde
Ist die Luft erfüllt von dem Brausen.

Dann wird das Rauschen zum raunenden Schallen,
Zum Murmeln von müder Süße.
Auf die Dächer vereinzelte Tropfen fallen
Wie ferne, glückstrunkene Küsse.

1. 8. 1941

Bleistiftskizze

Ein Haarsträhn wie ein feiner Schatten in die Stirn,
darüber seidig weich die dunkle Fülle.
Der Mund ein trutz'ges Zeugnis stolzer Kühle,
betont durch leichten, schwarzen Flaum.
Das helle Braun der Augen mildert kaum.
Die Zähne scheinen stark und weiß nach vorne sich zu
                                                       drängen
und ganz so störrisch wild die schwarzen Brauen.
Doch wenn die Augen in die Ferne schauen,
dann will ein Zug von Sehnsucht in den Stolz sich mengen.
Darüber wölbt die Stirne sich in leicht gewölbtem Bogen,
die feine Nase setzt sie, aufwärtsstrebend, fort.
Der schlanke Hals ist in die Harmonie mit einbezogen –
ein bißchen Braun, ein bißchen bleich – ein starker Dur-
                                                       Akkord.

28. 9. 1941

Stefan Zweig

Leuchtendes, glühendes, rauschendes Leben
springt an und reißt mit und läßt keinen mehr los,
macht heiß und macht kühn und macht freudig und groß,
rüttelt auf und macht wacher mit kraftvollem Stoß,
läßt die Fluten von Glanz nie und nimmer verebben –

packt dich und hält dich und sprudelt dich an.
Sturzflut erfaßt dich und rast mit dir fort –
was kein Wildbach, kein Wirbel, kein Hochwasser kann,
hat dies Atmen vieltausende Mal schon getan,
dieses heiße, verzehrende, glasklare Wort.

Kühl dann und still wie ein nordischer See,
glitzernd und weich wie frisch fallender Schnee,
sieht es uns an wie viel uraltes Gold,
das altrot und schwer durch die Finger rollt
und schön ist wie sonst nur unsagbarer Traum,
der dich ansieht, tiefleuchtend aus dunkelndem Raum –

und bäumt sich dann auf, als besinne es sich,
und packt wieder an und reißt wieder mit,
schreit dich an, lacht dich an, weint dich an: das bin ich!
Und es packt dich ein Sehnen, das süß ist und zieht,
ein Sehnen nach Menschen, ein heißes: »versprich!«
und dann klingt es aus wie ein Nachtigall-Lied.

24. 12. 1941

Das Glück

Schlafen möcht' ich,
Der Wind wiegt mich ein,
Und die Sehnsucht singt mich zur Ruh'.
Weinen möcht' ich.
Schon die Blumen allein
Flüstern Tränen mir zu.

Sieh die Blätter:
Sie blinken im Wind
Und gaukeln Träume mir vor.
Ja und später –
Lacht wo ein Kind,
Und irgendwo hofft ein Tor.

Sehnsucht hab' ich
Wohl nach dem Glück?
Nach dem Glück.
Fragen möcht' ich:
Kommt es zurück?
Nie zurück.

18. 8. 1941

Sonett

Schau, dort kommen Melodien
durch den Tag gezogen.
Wie den lang gespannten Bogen
höre ich ihr Tönen ziehn.

Warum geben sie sich hin
allen, die da stehn?
Könnten sie nicht einzig blühn
nur für die, die sehn?

Und so sprechen sie mich an,
mich, die sie nicht tragen kann,
denn ich bin so müd.

Und so steh' und klinge ich
voll von Sehnsucht, die verblich
und die weinend schied.

18. 8. 1941

Sonne im August

Gleich einer Symphonie in Grün
durchpulst von Licht und Duft und Glanz
ziehn Wiesen sich und Hügel hin
erfüllt von buntem Blumentanz.

Die Wege liegen lang im Wind,
und alle Birken neigen sich.
Und wenn die Gärten verlassen sind,
dann sind sie es nur für mich.

Die Bänke stehen wartend da,
die Gräser wiegen her und hin,
und manchmal scheint der Himmel nah,
und lange Vogelschwärme ziehn.

Und alles ist tief eingetaucht
in Lächeln und in Einsamkeit.
Mit Gold ist alles angehaucht,
und eine Elster schreit.

23. 8. 1941

Tränenhalsband

Die Tage lasten schwül und schwer, voll wildem, bangem
Weh. Es ist in mir so kalt und leer, daß ich vor Angst
vergeh'.
Die Vögel ziehn gen Mittag hin, sie sind schon lange fort.
Schon seh' ich keine Aster blühn, und auch die letzten
Falter fliehn, die Berge sind mit Herbst umflort.
Ich bin in Sehnsucht eingehüllt, ich sehne mich nach dir.
Mein heißes Sehnsuchtslied erfüllt die Welt und mich
mit ihr.
Der Regen, der eintönig rauscht, begleitet meinen Sang.
Und wer dem Regenliede lauscht und wer sich an dem
Weh berauscht, der hört auch meines Liedes Klang.
Nur du allein, du hörst es nicht – ach, weiß ich denn,
warum? Und wenn mein Lied einst gell zerbricht, du
bleibst auch kalt und stumm.
Dir macht es nichts, wenn jeder Baum mitleidig fleht: so
hör! Du gehst vorbei und siehst mich kaum, als wüßtest
du nicht meinen Traum, und 's fällt dir nicht mal
schwer.
Und doch bist du so bleich bedrückt, wie einer der
versteht, der seine Seufzer schwer erstickt und schwer
beladen geht.

Und doch ist Weh in deinem Blick, um deine Lippen Leid.
Verloren hast du wohl das Glück, es kommt wohl
nimmermehr zurück, und du – du bist »befreit«.
Nun ja, das Glück war dir zu schwer, du hast es hastig-
wild verstreut, und nun sind deine Hände leer, es füllt
sie nur noch Einsamkeit.
So stehst du da und wirfst den Kopf mit starrem Trotz
zurück, und sagst, was du ja selbst nicht glaubst – »Ich
pfeife auf das Glück!«

Und dann, wenn es schon längst vorbei, stehst du noch da
und starrst ihm nach, dann sehnst du es so heiß herbei,
es ist dir nicht mehr einerlei – dann bist du plötzlich
wach.

Zurück jedoch kommt es nie mehr – denn rufen willst du
nicht, und wäre die Leere so unendlich schwer, daß dein
Rücken darunter bricht.

So tragen wir beide dasselbe Leid, ein jeder für sich allein.
Mich krönt aus Tränen ein schweres Geschmeid' und
dich ein Sehnsuchtsedelstein.

Und der Wind singt uns beiden den ewigen Sang von
Sehnen und Verzicht, doch auch wenn es dir zum
Sterben bang – du rufst mich trotzdem nicht.

6. 11. 1941

* * *

Es ist so viel buntes Geschehen
so viel lebendes Leben um mich –
ich könnte atmen und sehen
und könnte das Schönste verstehen,
wenn ich eines nicht hätte: dich.

So aber bist du mir das Leben,
und das andre ist stumpf und leer.
Und alle Wellen verebben
und können mir gar nichts geben,
das so fern wär' wie du und so schwer.

Schlaflied für dich

Komm zu mir, dann wieg' ich dich,
wiege dich zur Ruh'.
Komm zu mir und weine nicht,
mach die Augen zu.

Ich flechte dir aus meinem Haar
eine Wiege, sieh!
Schläfst drin aller Schmerzen bar,
träumst drin ohne Müh'.

Meine Augen sollen dir
blinkend Spielzeug sein.
Meine Lippen schenk' ich dir –
trink dich in sie ein.

Träume

Es sind meine Nächte
durchflochten von Träumen,
die süß sind wie junger Wein.
Ich träume, es fallen die Blüten von Bäumen
und hüllen und decken mich ein.

Und alle diese Blüten,
sie werden zu Küssen,
die heiß sind wie roter Wein
und traurig wie Falter, die wissen: sie müssen
verlöschen im sterbenden Schein.

Es sind meine Nächte
durchflochten von Träumen,
die schwer sind wie müder Sand.
Ich träume, es fallen von sterbenden Bäumen
die Blätter in meine Hand.

Und alle diese Blätter,
sie werden zu Händen,
die zärteln wie rollender Sand
und müd sind wie Falter, die wissen: sie enden
noch eh' sie ein Sonnenstrahl fand.

Es sind meine Nächte
durchflochten von Träumen,
die blau sind wie Sehnsuchtsweh.
Ich träume, es fallen von allen Bäumen
Flocken von klingendem Schnee.

Und all diese Flocken
sie werden zu Tränen.

Ich weinte sie heiß und wirr –
begreif meine Träume, Geliebter, sie sehnen
sich alle nur ewig nach dir.

8. 11. 1941

Schlaflied für die Sehnsucht

(Zu singen nach der Melodie:
»di zun iz fargangen« von M. Gebirtig)

O lege, Geliebter,
den Kopf in die Hände
und höre, ich sing' dir ein Lied.
Ich sing' dir von Weh und von Tod und vom Ende,
ich sing' dir vom Glücke, das schied.

Komm, schließe die Augen,
ich will dich dann wiegen,
wir träumen dann beide vom Glück.
Wir träumen dann beide die goldensten Lügen,
wir träumen uns weit, weit zurück.

Und sieh nur, Geliebter,
im Traume da kehren
wieder die Tage voll Licht.
Vergessen die Stunden, die wehen und leeren
von Trauer und Leid und Verzicht.

Doch dann – das Erwachen,
Geliebter, ist Grauen –
ach, alles ist leerer als je –
Oh, könnten die Träume mein Glück wieder bauen,
verjagen mein wild-heißes Weh!

Müdes Lied

Ich möchte schlafen, denn ich bin so müd,
und so müd und wund ist mein Glück.
Ich bin so allein – selbst mein liebstes Lied
ist fort und will nicht mehr zurück.

Schlaf' ich einmal, so träume ich auch,
und Träume sind so wunderschön.
Sie zaubern einen lächelnden Hauch
auch übers schwerste Geschehn.

Träume tragen Vergessen mit sich
und schillernden bunten Tand.
Wer weiß es – vielleicht auch bannen sie mich
für ewig in ihr Land.

23. 12. 1941

* * *

Spürst du es nicht, wenn ich um dich weine,
bist du wirklich so weit?
Und bist mir doch das Schönste, das Eine,
um das ich sie trage, die Einsamkeit.

23 . 12 . 1941

Tragik

Das ist das Schwerste: sich verschenken
und wissen, daß man überflüssig ist,
sich ganz zu geben und zu denken,
daß man wie Rauch ins Nichts verfließt.

23. 12. 1941

Mit rotem Stift hinzugefügt:
Ich habe keine Zeit gehabt zu Ende zu schreiben . . .

Ein Lebenslauf in Bildern

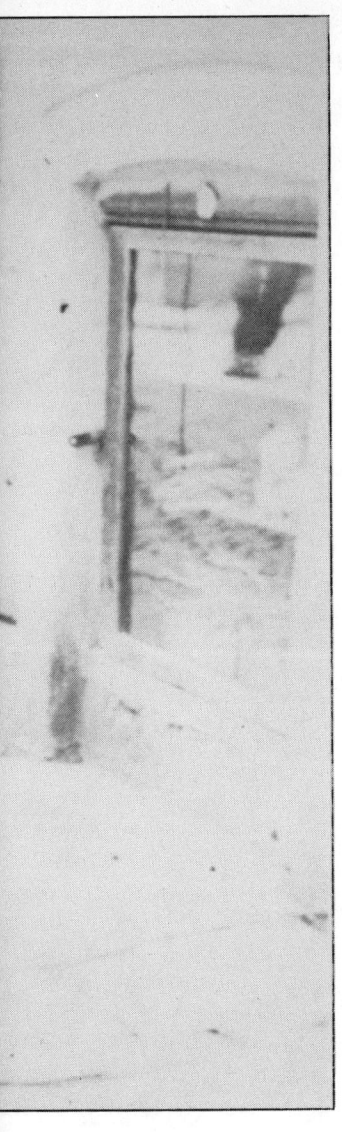

Zwei lachende Gesichter: Selma
Meerbaum-Eisinger im weißen
Kleid und ihre Freundin Else
Schächter beim Spaziergang im
rumänischen Czernowitz. Von den
wenigen erhalten gebliebenen Fotos
ist es das einzige, das mehr als nur
einen flüchtigen Eindruck vermit-
telt. Es entstand im Mai 1940. Selma,
am 15. August 1924 geboren, ist fast
16 Jahre alt, ihre Freundin Else ein
Jahr älter. Selma stirbt am 16.
Dezember 1942 in dem von der SS
geführten Arbeitslager
Michailowska, entkräftet von
Terror und Strapazen, an
Flecktyphus. Else Schächter
überlebt die Verfolgung
und wohnt seit 1948 in Israel.

Die Eltern Selmas führten in
Czernowitz einen kleinen Laden.
Sie hatten sich nach dem Ersten
Weltkrieg kennengelernt und 1922
geheiratet. Max Meerbaum, Selmas
Vater, starb 1926 an Tuberkulose,
die Mutter heiratete noch einmal.
Sie und ihr zweiter Mann kamen
wie Selma im Lager um.

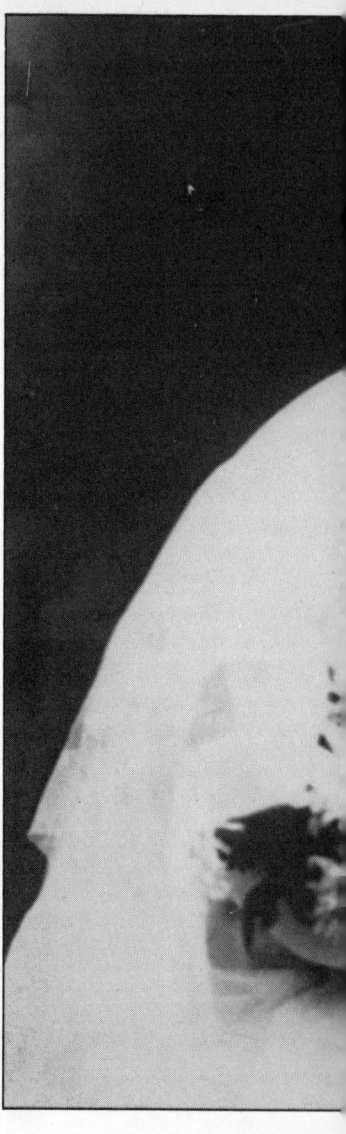

Erhalten geblieben sind vier Gruppenaufnahmen. Selma mit ihrer Schulklasse, links oben – vorgebeugt stehend – im Jahre 1939, als die 15jährige ihre ersten Gedichte schrieb.

Das Foto unten mit Schülern und Lehrern des jüdischen Lyzeums, das nach der Besetzung von Czernowitz durch die Russen 1940 eingerichtet wurde, zeigt Selma als sechste von links in der obersten Reihe und ihren Klassenlehrer Hersch Segal, der 1976 in Israel Selmas Gedichte auf eigene Kosten drucken ließ, vorn sitzend als fünften von rechts.

Ausflug der zionistischen Jugend-
gruppe Haschomer Hazair 1940.
Selma links außen, einen Ball
werfend.

Die Gruppe in Czernowitz: Selma
in der Mittelreihe sitzend, zweite
von rechts. In derselben Reihe ganz
links der Freund Lejser Fichman.
Rechts unten sitzend Renée
Abramovici, die Selmas Gedichte
durch das vom Krieg zerstörte
Europa nach Israel brachte. In der
obersten Reihe dritte von rechts Else
Schächter, die die Gedichte während
der Verfolgung durch die Nazis
verwahrt hatte.

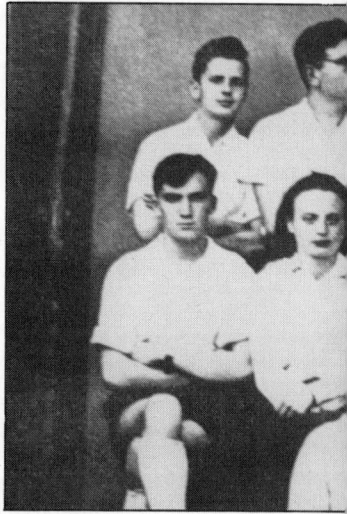

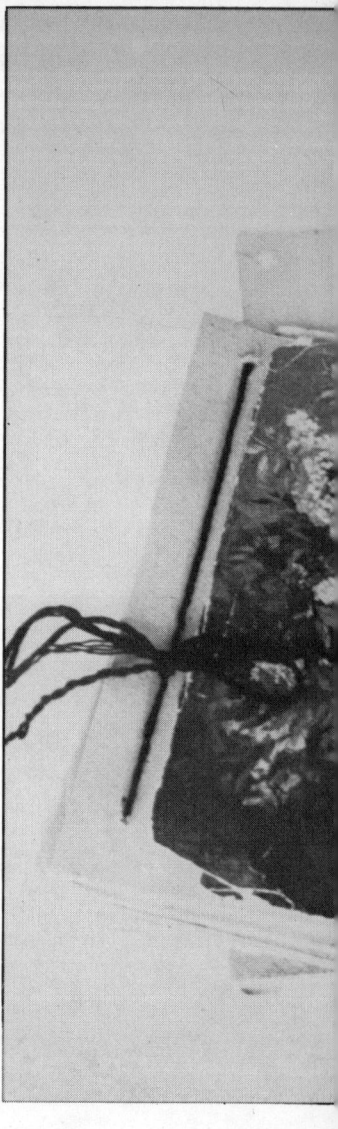

Selma Meerbaum-Eisinger nannte
ihren Gedichtband »Blütenlese«
und widmete ihn ihrem Freund
Lejser Fichman. Sie ließ den Band
zurück, als sie im Juni 1942 mit
Mutter und Stiefvater aus
Czernowitz deportiert wurde.
Fichman kam bei dem Versuch,
Palästina zu erreichen, ums Leben.

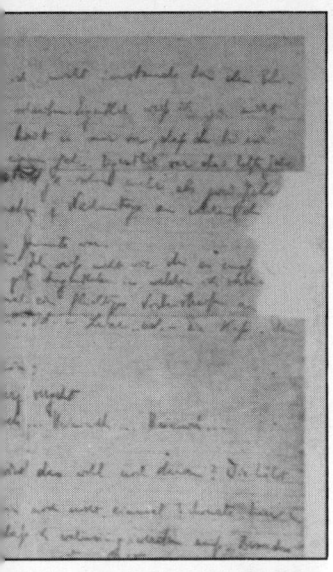

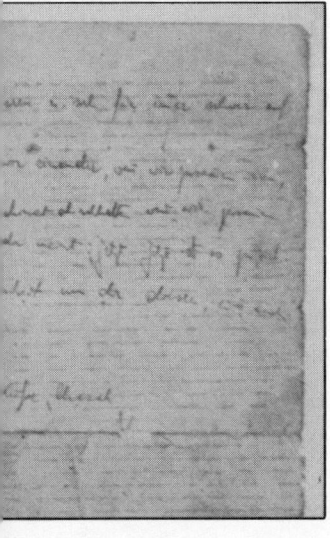

Kurz vor ihrem Tode schmuggelte ein
kleiner Junge diesen winzig zusammen-
gefalteten Brief Selmas aus dem Lager zu
der ebenfalls deportierten Freundin
Renée Abramovici.

Arnold Daghani

LASST MICH LEBEN

DAGHANI
1960

Ein WEG und ZIEL Buch

Ohne das Tagebuch des Malers Arnold Daghani »Laßt mich leben« wäre unbekannt geblieben, wo und wann Selma, wo und wie die Eltern des ebenfalls aus Czernowitz stammenden Dichters Paul Celan ums Leben gekommen sind. Selma Meerbaum-Eisinger war über ihre Mutter mit Paul Celan (oben) verwandt.

Arnold Daghani zeichnete die
Situation nach dem Tode des
Mädchens am 16. Dezember 1942.
Die jüdischen Lagerinsassen heben
die in eine Decke gehüllte Leiche
über eine Leiter herab.
Die Bleistiftzeichnung wird heute in
der israelischen Gedenkstätte
Yad Vashem in Jerusalem
aufbewahrt, wo die Verbrechen
der Nazis an den Juden
dokumentiert sind.

1943

WELCH WORT

in die Kälte gerufen

Die Judenverfolgung des Dritten Reiches im deutschen Gedicht

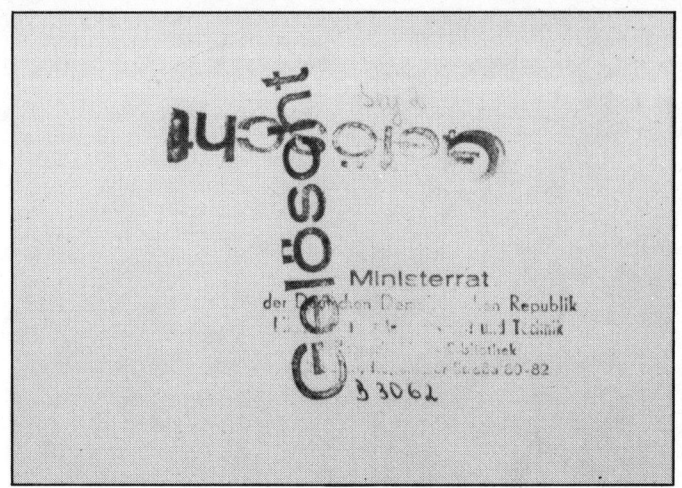

gelöscht

Ministerrat
der D....schen Dem......en Republik
E.......... ....d Technik
....ek
.... 80-82

33061

Dieses 1968 in der DDR erschienene Buch sorgte für die Entdeckung der 57 geretteten Gedichte Selma Meerbaum-Eisingers. Der Herausgeber hatte durch Zufall zwei der Gedichte Selmas in Bukarest gefunden. Eines druckte er ab, ohne zu ahnen, was er damit in Bewegung brachte. Hersch Segal, Selmas einstiger Klassenlehrer, las dieses Buch in Israel und wandte sich an einstige Schülerinnen.

Ein Exemplar des gleichen Buches erregte auch Serkes Interesse. Es war aus der Bibliothek eines DDR-Ministeriums ausgesondert und in einem Hamburger Antiquariat angeboten worden.

Renée Abramovici-Michaeli
verwahrte die Gedichte in
Natanya, Else Schächter-Keren
den letzten Brief Selmas und Fotos in
Ramat Gan. Doch der Privatdruck,
den Selmas einstiger Klassenlehrer
Hersch Segal herausbrachte, blieb
lange ohne Resonanz. Das
Gedicht Selmas aus der in der DDR
erschienenen Anthologie ist auch in
ihrem Band »Blütenlese« enthalten.

Der Mond ist lichtes Silber in Blau.
Die Pappeln sind grau.
Und Wind braust mich an.
Die Straße ist hell
Dann...
Sie kommen dann
und würgen mich.
mich und dich
Tot.

Das Leben ist rot
braust und lacht.
über Nacht
bin ich
Tot.

Willy Lindwer

Anne Frank
Die letzten sieben Monate

Augenzeuginnen berichten

Aus dem Niederländischen von Mirjam Pressler
Band 11616

Sieben jüdische Frauen, die Anne Frank und ihrer Familie nahe-
standen, berichten in diesem Buch von ihrem Leben vor dem
Krieg, von der Verfolgung, Verhaftung und Deportation und
von ihrem Überleben in den Konzentrationslagern. Manche,
wie Annes Kinderfreundin Hannah Pick-Goslar (Lies Goosens
in Annes Tagebuch) kannten die Franks aus der Zeit vor dem
Untertauchen, andere lernten Anne erst auf dem Transport oder
in den Lagern kennen, sahen sie noch Mitte März 1945, sprachen
mit ihr: »An irgendeinem Zeitpunkt in den letzten Tagen stand
Anne vor mir, in eine Decke gehüllt. Sie hatte keine Tränen mehr,
ach, die hatten wir längst nicht mehr, und sie erzählte, es hätte
ihr so gegraut vor den Tieren in ihren Kleidern, daß sie alle ihre
Kleider weggeworfen hätte... Es sind schreckliche Dinge passiert.
Zwei Tage später bin ich hingegangen, um nach den Frank-
Mädchen zu sehen. Sie waren beide tot.« Willy Lindwer ist es
zu danken, daß er diese Zeuginnen aufgespürt hat und mit gro-
ßer Behutsamkeit dazu brachte, von sich zu erzählen. Was sie
gesehen, erlebt und gefühlt haben, hat auch Anne Frank erfahren.
Diese Frauen haben das letzte, »ungeschriebene« Kapitel von
Anne Franks Tagebuch öffentlich gemacht.

Fischer Taschenbuch Verlag

fi 2010 / 4

Lyrik

Ilse Aichinger
Verschenkter Rat
Band 11048

Rose Ausländer
Brief aus Rosen
Band 11163
**Denn wo
ist Heimat?**
Band 11152
Ich spiele noch
Band 10421
Sanduhrschritt
Band 11158
**Schweigen auf
deine Lippen**
Gedichte aus
dem Nachlaß
Band 11164
The Forbidden Tree
Englische Gedichte
Band 11153
Schattenwald
Gedichte
Gesamtregister
Band 11166

Rose Ausländer
**Der Traum hat
offene Augen**
Gedichte 1965-1978
Band 9172

Wolfgang Bächler
Ausbrechen
Gedichte aus
20 Jahren
Band 5127
Nachtleben
Band 5872

Joseph Brodsky
Gedichte
Band 9232

William Carpenter
Regen
Band 12164

Paul Celan
**Die Niemandsrose/
Sprachgitter**
Band 2223

René Char
**Die Bibliothek
in Flammen**
und andereGedichte
*La bibliothèque
est en feu*
Zweisprachige
Ausgabe
Band 10803
**Einen Blitz
bewohnen**
Gedichte
1936 bis 1988
Band 12675
Hypnos
Aufzeichnungen
aus dem Maquis
(1943-1944)
Feuillets d'Hypnos
Zweisprachige
Ausgabe. Band 9570
**Zorn und
Geheimnis**
Fureur et Mystère
Zweisprachige
Ausgabe. Band 9571

Fischer Taschenbuch Verlag

Lyrik

Robert Creeley
Echos
Band 12036

Mircea Dinescu
**Ein Maulkorb
fürs Gras**
Zweisprachige
Ausgabe
Band 11873

Hilde Domin
Hier
Band 12206
Ich will dich
Band 12209
**Nur eine Rose
als Stütze**
Band 12207
**Rückkehr
der Schiffe**
Band 12208

Hilde Domin (Hg.)
**Doppelinter-
pretationen**
Das zeitgenössische
Gedicht. Band 1060

Hilde Domin/
Clemens Greve (Hg.)
**Nachkrieg
und Unfrieden**
Gedichte als Index
1945 - 1995
Band 12526

Erich Fried
Anfechtungen
Band 10343
**Befreiung von
der Flucht**
Gedichte und
Gegengedichte
Band 5864
**Die Freiheit
den Mund
aufzumachen**
48 Gedichte
Band 10344

Erich Fried
Die bunten Getüme
70 Gedichte
Band 12283
**100 Gedichte
ohne Vaterland**
Band 10988
Frühe Gedichte
Band 9511
Reich der Steine
Zyklische Gedichte
Band 5959
Von Bis nach Seit
Gedichte aus den
Jahren 1945-1958
Band 11783
Warngedichte
Band 2225

Walter Helmut Fritz
**Mit einer Feder
aus den Flügeln
des Ikarus**
Ausgewählte
Gedichte
Band 9266

Fischer Taschenbuch Verlag

Lyrik

LUDWIG GREVE
SIE LACHT
UND
ANDERE GEDICHTE
FISCHER

Jan Koneffke
Gelbes Dienstrad
wie es hoch
durch die Luft schoß
Gedichte
Fischer

Peter Maiwald
Balladen von Samstag
auf Sonntag
Fischer

Yvan u. Claire Goll
Traumkraut/
Die Antirose
Band 9590

Ludwig Greve
Sie lacht und
andere Gedichte
Band 11524

Klaus Hensel
Stradivaris
Geigenstein
Band 11286

Bruno Hillebrand
Und sage ja zu
diesem Augenblick
Gedichte aus den
Jahren 1960-1985
Band 10842

Peter Huchel
Chausseen,
Chausseen
Band 5120

Matthias Koeppel
Koeppels
Tierleben
In Starckdeutsch
Band 12279
Starckdeutsch
Oine Orrswuuhl
dörr schtahurcköstn
Gedeuchten
Band 11011

Jan Koneffke
Gelbes Dienstrad
wie es hoch durch
die Luft schoß
Band 10786

Michael Krüger
Aus der Ebene
Band 5865
Diderots Katze
Band 2256
Die Dronte
Band 9222
Fünfzig Gedichte
Band 12351

Günter Kunert
Berlin beizeiten
Band 9567

Reiner Kunze
auf eigene
hoffnung
Band 5230
eines jeden
einziges leben
Band 12516
zimmerlautstärke
Band 1934

Ellinor Lau/
Susanne Pampuch
Draußen steht eine
bange Nacht
Band 10716

Peter Maiwald
Balladen von Sam-
stag auf Sonntag
Band 10676
Guter Dinge
Band 10675

Fischer Taschenbuch Verlag

Lyrik

OSSIP MANDELSTAM
GEDICHTE
Aus dem Russischen
übertragen
von Paul Celan
Fischer

Sylvia Plath
Drei Frauen
Three Women
Ein Gedicht für drei Stimmen
Aus dem Englischen von
Friederike Roth
Fischer

Derek Walcott
Das Königreich
des Sternapfels
Gedichte
Fischer

Fischer Taschenbuch Verlag

Die Zeit des Nationalsozialismus

Eine Buchreihe

Herausgegeben von Walter H. Pehle

Götz Aly/
Susanne Heim
**Vordenker der
Vernichtung**
Auschwitz und die
deutschen Pläne für
eine neue euro-
päische Ordnung
Band 11268

Ralph Angermund
**Deutsche Richter-
schaft 1919 - 1945**
Band 10238

Avraham Barkai
**Das Wirtschafts-
system des Natio-
nalsozialismus**
Ideologie, Theorie,
Politik 1933-1945
Band 4401

Wolfgang Benz
**Herrschaft und
Gesellschaft im
nationalsozia-
listischen Staat**
Band 4435

Wolfg. Benz (Hg.)
**Die Vertreibung
der Deutschen
aus dem Osten**
Ursachen, Ereig-
nisse, Folgen
Band 12784

(Hg.) Ute Benz/
Wolfgang Benz
**Sozialisation und
Traumatisierung**
Kinder in der
Zeit des National-
sozialismus
Band 11067

(Hg.) Wolfg. Benz/
Hans Buchheim/
Hans Mommsen
**Der National-
sozialismus**
Band 11984

(Hg.) Wolfg.Benz/
Angelika Schardt
**Deutsche Kriegs-
gefangene im
Zweiten Weltkrieg**
Erinnerungen
Band 11918

Dirk Blasius/
Dan Diner (Hg.)
**Zerbrochene
Geschichte**
Leben und
Selbstverständnis
der Juden in
Deutschland
Band 10524

Fischer Taschenbuch Verlag

Die Zeit des Nationalsozialismus

Eine Buchreihe

Herausgegeben von Walter H. Pehle

Gustave M. Gilbert
Nürnberger
Tagebuch
Band 1885

Willi Graf
Briefe und
Aufzeichnungen
A. Knoop-Graf/
Inge Jens (Hg.)
Band 12367

H. Graml (Hg.)
Widerstand im
Dritten Reich
Probleme, Ereig-
nisse, Gestalten
Band 12236

Günter Grau (Hg.)
Homosexualität
in der NS-Zeit
Band 11254

Norbert Haase/
Gerhard Paul (Hg.)
Die anderen
Soldaten
Wehrkraftzerset-
zung, Gehorsams-
verweigerung und
Fahnenflucht im
Zweiten Weltkrieg
Band 12769

Sebastian Haffner
Anmerkungen zu
Hitler. Band 3489

Jost Hermand
Als Pimpf in Polen
Erweiterte Kinder-
landverschickung
1940-1945. Bd. 11321

Raul Hilberg
Die Vernichtung
der europäischen
Juden. Band 4417
Drei Bände in Kass.

Wieslaw Kielar
Anus Mundi
Fünf Jahre
Auschwitz. Bd. 3469

Ernst Klee
Persilscheine und
falsche Pässe
Wie die Kirchen
den Nazis halfen
Band 10956

Was sie taten -
Was sie wurden
Ärzte, Juristen und
andere Beteiligte am
Kranken- oder Ju-
denmord. Bd. 4364

»Euthanasie«
im NS-Staat
Band 4326

»Die SA
Jesu Christi«
Die Kirche im
Banne Hitlers
Band 4409

Fischer Taschenbuch Verlag

fi 1710 / 8 c

Die Zeit des Nationalsozialismus

Eine Buchreihe

Herausgegeben von Walter H. Pehle

Rolf-Dieter Müller/
Gerd R. Ueberschär
Kriegsende 1945
Die Zerstörung
des deutschen
Nationalstaates
Band 10837

Hertha Nathorff
**Das Tagebuch der
Hertha Nathorff**
Berlin - New York
Aufzeichnungen
1933 - 1945
Band 4392

**Der National-
sozialismus**
Dokumente
1933-1945
Walther Hofer (Hg.)
Band 6084

Franz Neumann
Behemoth
Struktur und Praxis
des Nationalsozia-
lismus 1933-1944
Band 4306

Walter H.Pehle(Hg.)
**Der historische
Ort des National-
sozialismus**
Band 4445
**Der Juden-
pogrom 1938**
Von der »Reichs-
kristallnacht«
zum Völkermord
Band 4386

Peter Reichel
**Der schöne Schein
des Dritten Reiches**
Faszination und
Gewalt des Faschis-
mus. Band 11356

Luise Rinser
Gefängnistagebuch
Band 1327

Hans Safrian
**Eichmann und
seine Gehilfen**
Band 12076

Ernst Schnabel
Anne Frank
Spur eines Kindes
Band 5089

G. Schoenberner
Der gelbe Stern
Die Judenverfol-
gung in Europa
1933 - 1945
Band 10601

Rolf Schörken
Jugend 1945
Politisches Denken
und Lebensgeschi-
chte. Band 11814

Fischer Taschenbuch Verlag

fi 1710 / 7 e

Die Zeit des Nationalsozialismus

Eine Buchreihe

Herausgegeben von Walter H. Pehle

Fischer Taschenbuch Verlag

Walter Helmut Fritz

**Die Beschaffenheit
solcher Tage**
Roman
158 Seiten, gebunden

**Bevor uns Hören
und Sehen vergeht**
Roman
208 Seiten, gebunden

Sehnsucht
Gedichte und Prosagedichte
75 Seiten, gebunden

Gesammelte Gedichte
302 Seiten, gebunden

**Werkzeuge der
Freiheit**
Gedichte
93 Seiten, gebunden

**Cornelias Traum
und andere
Aufzeichnungen**
86 Seiten, gebunden

**Immer einfacher,
immer schwieriger**
Gedichte und Prosagedichte
1983 - 1986
80 Seiten, gebunden

Zeit des Sehens
Prosa
140 Seiten, gebunden

**Die Schlüssel sind
vertauscht**
Gedichte und Prosagedichte
1987-1991
88 Seiten, gebunden

**Gesammelte Gedichte
1979 - 1994**
240 Seiten, gebunden

HOFFMANN
UND CAMPE